# 18岁，要知道

童　立　谭国甸 /著

百度百科 出品

What's
Love and sex

人民东方出版传媒
People's Oriental Publishing & Media
东方出版社
The Oriental Press

**图书在版编目（CIP）数据**

18 岁，要知道 / 童立，谭国甸著. —北京：东方出版社，2023.7
ISBN 978-7-5207-3408-0

Ⅰ . ① 1… Ⅱ . ①童… ②谭… Ⅲ . ①性教育—青少年读物 Ⅳ . ① G479-49

中国国家版本馆 CIP 数据核字（2023）第 066126 号

## 18 岁，要知道
（SHIBA SUI, YAO ZHIDAO）

作　　者：童　立　谭国甸
策　　划：王丽娜　鲁艳芳
特约策划：杨　佳　容　薇　芦晓峰　孙玉昆
责任编辑：黎民子
出　　版：东方出版社
发　　行：人民东方出版传媒有限公司
地　　址：北京市东城区朝阳门内大街 166 号
邮政编码：100010
印　　刷：北京文昌阁彩色印刷有限责任公司
版　　次：2023 年 7 月第 1 版
印　　次：2023 年 7 月北京第 1 次印刷
开　　本：880 毫米 ×1230 毫米　1/32
印　　张：7.75
字　　数：100 千字
书　　号：ISBN 978-7-5207-3408-0
定　　价：49.80 元
发行电话：（010）85924663　85924644　85924641

# 前言

十几年前，就有很多网友在问："百度百科会出书吗？"如今这个问题终于有了答案。

历经近两年的努力，由百度百科出品的图书终于面世，内心颇感激动。这是百度百科第一部真正意义上的性教育作品，我们做成了一件很难又很有价值的事。

当今信息大爆炸的时代，知识难辨真假，很多年轻人在成长过程中会接触到错误的、片面的、带有严重价值倾向的信息，以致影响他们的身体、社交和情感的发展。科学有用的亲密关系与性知识科普变得尤为重要。

由百度百科牵头，中国性学会的十余位权威专家团成员共建了400多条权威性学科普词条，这些专家来自医学、心理学、社会学、教育学、性别研究等多个领域，具有非常丰富的理论和一线实践经验，充分了解年轻人对性知识的需求。

所有词条经历10道生产工序，4-8轮修改审核，致力于将科学有用的性知识和正确的性价值观传递给用户。

有了最核心的基础知识网络之后，我们便和参与词条编撰的童立老师、谭国甸老师共同进行了内容二次创作，不断搭建、修改和完善知识框架，将当今年轻人最关注的性与亲密关系中的35个痛点一一剖析，比如"性欲很强怎么办？""如何拒绝不喜欢的人？""我们的关系可以更近一步吗？"等，并提出真正有指导意义的解决方案。

这本书内容结构清晰，知识浅显易懂，语言幽默风趣、表现手法新颖，是一部富有洞见、三观极正的性教育作品。

希望这本书的出版可以帮助更多的年轻人掌握符合新时代的性与亲密关系相关知识和技能，真正拥有健康和福祉。时代的车轮滚滚向前，看到这本书的你们会更幸福。

百度百科

2023 年春

# 推荐序

曾听童立聊起,一本好的性教育图书从选材到编校再到出版是相当不容易的,内容上需要做很多评估和取舍。我有幸提前拿到本书书稿,通宵拜读,甚是激动,很高兴看到一本如此精彩的性教育图书能够顺利出版,为我们国家的性教育事业再添一砖、加一瓦。

一本优秀的性教育图书离不开感同身受。书中对 30 个生活案例与围绕案例展开的问题进行了深入解析,故事贴近你我,解读耐人寻味,分析文字读来有豁然开朗之感,不会晦涩难懂,不会让人在困惑之外又新增困惑。书中对亲密关系问题整理集中,结构分布清晰,深入浅出,是适合答疑解惑、传递新知的好读物。

一本优秀的性教育图书还兼具了对科学知识的讲解,便需要像科普作品那样,以浅显易懂的方式解释较为复杂的科学概念。书中解释了大量性学概念、性生理常识、性心理知识,用词准确专业、简洁易懂。

这本书读者年龄段定位在 18 岁以上年轻人,其实也要求了书中文字不仅仅要传递知识，还要能够吸引年轻读者的兴趣。书中文笔风趣幽默，一些表述新颖前卫，搭配上贴近年轻人生活的大量案例，让我拿到书稿当晚就有了通宵阅读的欲望。

最后，希望这本书能够为正值青春年少的你，打开一些思路，注入一些力量，收获一些新知。

王存同

2023 年 3 月

## 导读

### 本书的写作目的

在中国，很多学校和家长对性教育缺乏足够的认识和重视。在一些地方，由于文化传统、经济发展等诸多因素，性仍然是一个"禁忌"的话题，有些家长和学校甚至认为让孩子接受性教育会引导他们做出错误的决定。

而在我们的生活中，很多人正是由于对性缺乏科学认识才导致自己遇到各种困难和障碍，引发许多个人、婚姻、家庭甚至社会问题。所以，性教育不仅仅是个人幸福生活的依凭，也是促进家庭、社会和谐的重要举措。

自 2021 年 6 月 1 日开始，性教育相继在《中华人民共和国未成年人保护法》和《中国儿童发展纲要（2021-2030 年）》等国家级文件中被明确提出，这也意味着性教育在中国也开始得到了国家层面的重视，这也是我们国家和社会文明进步的展现，也符合人民群众对美好生活的向往。

本书的创作期待为改变中国性教育做一点贡献，也愿各位读者能从书中收获知识和力量。

## 本书适合谁阅读

本书非常适合 18 岁以上的年轻人用来作为自己的情感、两性生活的指南，帮助自己去更好地面对性与爱中的各类风险，为自己的性健康保驾护航，收获更幸福和谐的成年生活。

本书亦适合青春期情窦初开的初中、高中学生阅读，帮助自己提前储备一些必要的知识。

青春期学生的父母、老师也可以将本书作为对孩子进行性教育的工具，为孩子提供更为科学、全面的关于性的信息。本书亦可以作为父母赠送给孩子进入青春期后的一份礼物，也将是跟孩子谈论性的契机

当然，已经迈入成年人世界、仍然需要了解性教育知识的朋友更可以选择阅读此书，本书中全面的内容同样可以为你提供极具参考价值的信息。

## 本书的结构

本书用五个章节分别从爱情、性行为、性健康三大层面来为读者解读爱与性这件事。

在第一章和第二章，本书重点阐释了爱情是怎么一回事儿，并且对爱情的选择、感情的经营提供了实用信息，也对在爱情中可能遇到的困惑和挫折提供了有效的应对建议。

在第三章，本书主要讨论了性安全、性健康两大层面的一些热点话题，让读者用更健康的方式拥抱性。

在第四章，本书重点为读者解读了"性是什么"，让读者从更全面的视角去看待性相关的事，帮助读者做出更可靠、更负责任的决定。

在第五章，本书选择了一些青年人经常讨论的性问题、性困惑进行了科普，帮助读者走出对性的迷思，摆脱错误信息对自己的束缚。

人类的性活动由生理驱动，但是又包含着丰富的心理活动，并且还会受到社会制约。想要更好地驾驭好性这件事，我们必须从生理、心理、社会文化等多面去揭秘它。愿我们的社会少一些对性的偏见、羞耻和污名，多一些对性的尊重、理解。

谭国甸、童立

2023 年春

# 致谢页

感谢中国性学会青少年性健康教育分会主委苟萍教授及其团队给予本书在构思和方向上的指导。本书的医学知识由北京大学第一医院杨宇卓博士审定，全书由中央财经大学知名性教育专家王存同教授指导并作序推荐，感谢两位专家的支持。

感谢百度百科青少年科普教育项目组杨佳、容薇、芦晓峰、王宁、孙玉昆等多位老师在本项目中的统筹和运营工作。

感谢东方出版社王丽娜、鲁艳芳、黎民子等多位老师在本书创作和出版过程中的辛勤工作。

# 目录
## contents

## Chapter 2　爱与痛的边缘

## Chapter 5　青春健康和性

# Chapter 1

## 如何理解爱

# 01
# 什么是爱？

小东很喜欢他的女友，喜欢她的智慧和勤奋。两人认识后不久，小东便认定了要跟她在一起，并且想要跟她结婚。不过在一起半年后，小东对女友的一个变化有些介怀——最近女友的身体变得越来越胖了。刚认识的时候，女友还是比较"苗条"的，但不知道为什么，女友这半年越来越胖，而小东一直对瘦瘦的女生比较"痴迷"。

虽然智慧和勤奋依然存在，但是身体的吸引明显减弱，每次抱着自己开始发胖的女友都想劝她少吃一点，甚至有时候也忍不住嘲笑和责怪她，可他的女友这半年就是食欲旺盛，然后眼看着体重往上升。小东隐隐约约开始担心：女友的身材渐渐不是自己喜欢的类型，以后自己会不会喜欢别人？虽然自己很喜欢她的性格，但对外表的在意又让他感到迷茫和困惑。

夜深人静的时候，他时常问自己："我还爱她吗？我对她从一开始是不是就不算是爱？到底什么是爱？"

什么是爱？

这可能是最难给出定义和答案的问题，每个人都会根据自己的情况定义自己对爱情的理解。不过我们还是可以借助一些心理学家或文学家的视角，来帮助我们更好地思考到底什么是爱。

心理学家斯腾伯格认为，爱主要由三个不同的元素组成，它们分别是激情、亲密、承诺。

激情主要是指两个人源于身体上的性吸引，那种怦然心动和占有欲都属于激情的部分，它会在两人身上形成一种热度。

亲密主要是指两个人的沟通和交流，是世界观、价值观的碰撞，它类似于友谊，具有包容性，亲密感会在两个人身上形成一种温度。

承诺是指两个人对这段关系的确认、期待以及对未来的锚定，是给予彼此稳定感和安全感的部分。

爱的这三种元素会构成八种不同的爱情类型，这个理论在实际运用时要求恋爱双方拿出各自爱的三维和对方进行匹配，发现彼此的差异和不同，再通过沟通和交流来达到相互理解，从而形成一致性。

案例中的小东，他说喜欢自己的女友，是以结婚为目标的喜欢。想结婚是内心的一种"承诺"，可以看出小东对他们的这份感情有较深的期待，他想彼此有一个好的未来，这是他朴素的愿望。但是小东对女友身材的变化产生不满，可以看作"激情"的动态变化。在爱情中，性吸引会随着两个人的年龄、身材、感情的变化而发生改变，如何应对这个变化，决定了两个人关系的质量。而要应对这个变化则需要"亲密"作为基础，亲密是两个人心贴心的交流和沟通，是相互尊重和理解，是彼此信任和敢于在关系中自我暴露。如果两个人拥有"亲密"，便能够有更多的理解和包容。由此可见，爱情三元素的理论要求大家进行爱的匹配时，三元素缺一不可，互相补益，因此沟通和交流就显得尤为重要。

回到案例中，小东可以把自己的困惑跟女友进行沟通，可以从关心的角度去询问她为什么食欲大增。要知道人在抑郁或者不开心的时候，食欲会有一定程度的改变，会用暴饮暴食去缓解自己的情绪，从而变胖。

另一方面他可以直接表达自己的担心和害怕，小东害怕激情褪去，其实是在担心这段关系没办法长久，没办法继续下去，在爱情中分享想法，表达感受，说出自己的需求也很重要。这对小东来说并不容易，也可能会让他们的关系陷入危机。小东的女友可能会有伤心，但这种"危机"也是彼此的一个机遇，开诚布公地交流和面对彼此，是爱情里终需迈出的一步。

小东的困境，也是很多人在爱情中的困境，因为担心对方会离开自己，会不喜欢自己，所以有些话不敢说或者不愿意说。但坦诚和真实才是爱情的基础，虚伪的爱情一定没办法长久。

每个人对爱的理解都有不同或偏差，这是需要被理解的，毕竟每个人都有不同的背景和成长环境。然而怎样去面对这种差异，是否能理性地面对这种差异，以及在遇到感情挫折时是否坚定，决定了两个人的未来能走多远。

心理学家弗洛姆在《爱的艺术》中写道："正如生活是一门艺术一样，如果我们想学会如何爱，就必须像我们学习任何其他艺术——例如音乐、绘画、雕刻——那样去学习。"

爱是可以通过理论和实践来学习和提高的一种能力，好的爱情需要两个人不断提高这项能力，去理解一个人、爱一个人，对自己和他人承诺践行自己的爱，进而收获高质量的亲密关系。

## 拓展问题

### 了解爱情三角理论

美国心理学家斯腾伯格提出的爱情理论，认为爱情由三个基本元素组成：激情、亲密和承诺。

激情是一种"强烈地渴望跟对方结合的状态"。通俗地说，就是见了对方，会有一种怦然心动的感觉，和对方相处，有一种兴奋的体验。性的需要，是引起激情的主导形式，其他如自尊、照顾、归属、支配、服从也是唤醒激情体验的源泉。

亲密是两人之间感觉亲近、温馨的一种体验。简单说来，就是能够给人带来温暖的感觉体验。亲密通常包括十个基本要素：渴望促进被爱者的幸福；跟被爱者在一起时感到幸福；双方一起做事情时都感到十分愉快；尊重对方；跟被爱方互相理解；与被爱方分享自我和自己的占有物；从被爱方接受感情上的支持；给被爱方以感情上的支持；跟被爱方亲切沟通；珍重被爱方。

承诺指维持关系的决定期许或担保。承诺由两方面组成：短期的和长期的。短期方面就是要做出爱不爱一个人的决定；长期方面则是做出维护这一爱情关系的承诺，包括对爱情的忠诚、责任心。也就是结婚誓词里说到的"我愿意"，是一种患难与共、至死不渝的承诺。

这三种元素构成了喜欢式爱情、迷恋式爱情、空洞式爱情、浪漫式爱情、伴侣式爱情、愚蠢式爱情、完美式爱情七种类型爱情模式。

**看到身边的人都谈恋爱了，我是否也应该去谈恋爱？**

单身、恋爱，包括结婚或离婚，都是一种生活方式。

你渴望什么样的生活方式？你准备好了进入某种生活方式

吗？如果你看到别人恋爱了，心中想到的都是爱情带来的温暖甜蜜、陪伴和支持，没有想过在一段关系的背后也会存在冲突、矛盾，以及控制和相互博弈，那么你可能对爱情、对亲密关系还存在一种理想主义，这种浪漫的理想主义会让自己在恋爱时，被"啪啪"打脸，因为你对爱情的期待过于美好，而期待的落空则会让自己陷入痛苦。

爱情并不是一帆风顺的，它需要你投入时间、精力去维持、去经营，才能收获你想要的温暖和力量。

我们鼓励大家恋爱，因为恋爱是一种能力，也需要勇气，而这样的勇气和能力需要在体验中去获得。

## 什么样的爱情是好的？

爱不可能总是恰如其分地平衡，要么你爱我多一点，要么我爱你多一点，爱是流动的，是相互滋养的，也是彼此消耗的。

有时候我们会进入一种误区，把我们自以为的好和爱强加给对方。其实这不是在满足对方的需求，而是在满足我们自己的需求。好的爱，是满足对方的需求，是利他的。当然，爱也不是自我牺牲式的自我感动，**在爱情的世界里，你当先爱自己再爱他人，而不是牺牲自己满足他人。**

弗洛姆在《爱的艺术》中说："爱主要是给予而不是接受。给予比接受更快乐，并不是因为它是一种被剥夺，而是因为在给予的行为中表示了我生命的存在。正是在给予的行为中，我体验到我的力量、我的财富、我的能力。"

爱是一种以对方的需求为主的给予——给予对方想要的，而不是给予对方你所拥有的。爱的重要标志是利他，是真正站在对方立场上去思考问题，通过满足对方的身心需要而实现自己的爱。

### 占有和克制，哪一个才是真爱？

我常说："我是爱你的，你是自由的。"一方面我爱你带有对你的占有欲，另一方面我承认和接纳你的自由，是我对你的爱的克制。

真爱一定带有占有的部分，这是人性的贪婪和自私；

真爱一定带有克制的部分，这是人性的尊严和善意。

所以单纯从克制和占有两个方面去判断到底是否真的爱一个人，既不客观也不准确。真正爱一个人既要考虑自己又要考虑对方。成熟的爱和幼稚的爱，不同点是前者会兼顾两个人而后者只会考虑一个人。

弗洛姆说不成熟的、幼稚的爱是："我爱你，因为我需要你。"这里只考虑我自己的需要。还有一类不成熟的爱是一种自我牺牲、自我感动式的爱，这种爱的本质也是一种自我需要，而没有考虑对方。而弗洛姆说成熟的爱是："我需要你，因为我爱你。"——我需要你，是我人性自私和贪婪占有你、不强迫你的一面，我爱你是我带着人性的尊严和善意克制自己的一面。

那么什么情况下才是真的爱你呢？这个人会爱自己也会爱你，他一方面会顾及自己的需求，直面自己人性的部分；另一方面，也会尊重你的选择，看到你的需求。所以我们总是感到爱一个人很纠结，总是想占有，又总是在克制。

百度百科　词条详解

爱情三角理论　进入词条

# 我们的关系可以更进一步吗？

夏夏每次见到小东的时候，都有点慌乱，会不自觉地心跳加快、脸红，有时候甚至不敢看对方。而小东除了和夏夏联系频繁，对她似乎没有什么特别的回应。一群朋友出去玩，朋友们都拿他俩起哄，夏夏每次都涨红了脸否定这一切。

渐渐地，小东在跟夏夏的聊天中，开始夹杂着一些暧昧和性的内容，这让单纯的夏夏又羞又恼。她一方面觉得彼此的关系还很纯洁，不至于总是聊这些过于亲密的话题；另一方面她又对性的话题带着几分好奇，想要去了解，而且她发现小东跟他聊这些话题时会很主动，能让小东对她主动一些，她觉得也不错。

有的时候，夏夏觉得他们的关系就是"暧昧"，小东没有确定关系的意思，她自己有点蠢蠢欲动可是又不知道该怎么办，感觉如果再这样下去，自己就会"沦陷"，因而饱受折磨。

恋爱常常需要一种感觉，这种感觉比较明显的表现就是夏夏描述的那种不自觉地脸红、心跳加速。当然，并不是每个人都会非常明显地产生这种感觉，不过或多或少你都会发现身体有感知。

这种恋爱的感觉有时候建立在非理性层面，莫名其妙间对一个人产生了这种感觉，进而这个人会左右你的喜怒哀乐，会影响你的情绪，你甚至会疯狂地想念那个人。

其实，这种感觉通常是由两个人的性吸引诱发的，它伴随着不自主的爱慕、欣赏。有的人甚至是一见钟情，说不清哪里好，就是忘不了。不过也有心理学家认为，这种吸引跟自己早年重要的抚养人给自己传递的感觉相关，依照这种感觉建立了一种强烈的情感链接。

总之，两个人之间这种超越理性的部分，仅仅是爱情的一部分，而不是爱情的全部。就像我们前面给大家介绍的爱情三元素一样，感觉只是激情、性吸引的部分，好的爱情还需要亲密，需要承诺。

所以，夏夏可以有很多选择。比如，进一步了解小东，去尝试确立关系、发展关系；她也可以选择继续待在这种矛盾纠结之中，看看小东会不会主动。当然了，如果夏夏对涉及性的话题感到不舒服或者觉得被冒犯，她也可以拒绝这段关系，退回到同学、朋友的位置。

在人际关系中，恋人是一种状态，这种状态是动态变化的。比如同学、朋友都可能成为恋人，恋人也可能会分手，变成朋友或者陌生人。像朋友、同学、陌生人，这些不具备强链接的关系是可以由一方单方面决定的，比如我只想跟你做同学，我就可以拒绝，保持距离。但是像恋人、爱人这种深度关系，需要两个人共同确定，不是某一方单方面可以决定的。

只有我们自己知道想要获得什么样的关系，才能更好地去处理这样的关系。

## 拓展问题

### 如何找到适合自己的恋人？

美国畅销书作家理查德·泰普乐在他的《爱的极简法则》中，为如何寻找到适合自己的恋人提出了二十多条重要法则，下面总结了最重要的三条法则帮助大家做参考。

■ 做自己（现在就开诚布公！）

"做自己"——是贯穿我们每个人一生的终极问题。在思考这个终极问题的时候，你可以发展性地问自己三个问题：

1. 你现在是个什么样的人？

2. 你期待成为一个什么样的人？

3. 你受到了什么样的限制阻止你成为你期待的样子？

谈恋爱就要以真实的自己谈恋爱，如果不是真实的自己，你将永远戴着人格面具跟一个人交往，你们将永远有距离，无法真正在一起。虚假或者刻意呈现对方喜欢的状态，这样的关系无法持久，也具有破坏性！

我们当开诚布公，展现真实的自己。只有真实遇见真实，真爱才会在一起。

■ 痊愈之后再出发

首先，能够建立亲密关系的前提是，曾经有过类似的美好体验——被亲密关系滋养过，而非伤害过。人心一旦被伤害便会启动防御机制，阻止自己再去体验那种伤害，那种伤害可能是上一段恋情。

有一位网友说，每次恋爱她都习惯性地把自己折磨得很惨，好像只有把自己折磨得很惨，对方才会珍惜她、爱她。从专业角度看，这是她恋爱模式的问题。如果你没有痊愈，你很有可能在下一段关系中犯同样的错误，重复上一段关系的模式。在心理咨询中我们经常发现，有些人谈恋爱可能过不了半年就会分手，每次都是这样，打破不了魔咒，这通常是上一次的情感伤害没有痊愈的表现。

所以，如果你不能彻底疗愈自己，总结之前的经验，那么你谈再多次恋爱，也会循环往复，无法逃脱。这种重复在心理学上叫作"强迫性重复"。

所以，疗愈好自己，让自己痊愈后再为爱出发吧！

■ **无法让自己快乐，便无法与伴侣快乐相守**

人的情绪是相互影响的，没有人会喜欢郁郁寡欢的人。如果你想找到与你相爱的人，那么请先让自己快乐起来吧。

我们要享受一个人的快乐，学会独立处理自己的孤独和寂寞，让自己快乐。快乐的你将更有机会遇到爱情，因为当爱情到来的时候，两个快乐的人在一起，将会更加快乐。

美国思想家爱默生说："一个人对世界最大的贡献，就是让自己快乐起来。"所以，请允许自己快乐。

## 放不下前任，无法开始下一段感情怎么办？

首先，大胆去弥补上一段感情的遗憾。在想起上一段感情时，你是什么感觉？你还有什么话对 TA 说吗？或者是什么让你念念不忘？如果上一段感情还有遗憾，还有没处理的情结，那么你可以想办法去弥补，比如，你一直有一句"对不起"没说，或者你有一个承诺没有兑现。那么可以找机会去解释，或者自己在内心理解自己、原谅自己。

其次，要总结一段感情给自己的经验和教训。失去一段感情不可怕，可怕的是不反思，不总结。比如感情的结束，你自己要承担多少责任，有什么地方是自己处理得不好的，有什么地方是自己沟通不到位的，如果再次进入恋爱，你自己要如何避免这些事再次发生，要如何更好地表达你的期待和需求？

再次，忘掉一个人靠的是时间，给自己时间慢慢来。失去一段感情，会给人很受伤的感觉，让人产生一种恐惧感。可能你会出现对亲密关系既渴望又害怕的矛盾心态，没关系，这也是正常的，你可以带着这种感觉去生活，去遇见新的你喜欢的人，跟他们沟通和交流。时间是治愈一切的最好良药。

日本作家山下英子在《断舍离》中写道："无能为力的事，当断；生命中无缘的人，当舍；心中烦郁执念，当离。"目之所及，皆是回忆；心之所想，皆是过往。放下执念，才能回归安宁。

## 暗恋一个人，该怎么办？

你很喜欢他，你默默地关注他的一举一动，你也常常幻想自己可以和他在一起。暗恋可以是一种情愫，也可以是一段恋情其中的一个阶段。这个感觉有时候很美好，有时候很痛苦。不过在感情的世界里，勇气很重要，与其猜测别人是否喜欢自己，爱自己，不如勇敢地表达自己、做自己。至于对方会如何回应，这是我们无法控制的。

当你暗恋一个人的时候，首先要清晰地知道，爱是一个人的事，爱情是两个人的事。

如果你想默默把这份感情放在心里，那么你将面对和承受感情中求而不得的痛苦和煎熬。如果你向对方表白，那么可能会得到正面的回应，也可能是委婉的拒绝，但终究是不留遗憾的一次直面自我。这个世界最令人激动的是，你喜欢的人恰好也喜欢你。如果你准备好了，建议你勇敢去面对这一切。

百度百科 词条详解

强迫性重复 进入词条

## 03

## 如果这都不算爱……

小芸今年 23 岁，最近有了自己的"初夜"。但是，她有些苦恼，因为对方的一些行为让她有些捉摸不透，她不知道对方是不是真的喜欢自己，怀疑自己是不是被骗了。

小芸说："前阵子通过朋友介绍认识了一个男生，谈了几天，感觉他很多行为都表示出对我有好感，譬如给我发'早安''晚安'，发一些暧昧的表情包。我自认为他对我有好感，也渐渐喜欢上他，约他看电影，约他一起唱歌，他都答应了。后来假期我们一起出去旅游了，在旅行中我们像情侣一样，也做爱了，这是我的第一次。回来后我感觉他突然变冷淡了，虽然偶尔也会发'早安''晚安'，但感觉仍然不温不火的。我问他，他也说不清楚，经常回避恋爱关系这个问题，我担心自己被骗炮了。你说，他陪我唱歌，陪我看电影，一起出去玩，早晚问候关心，还做了爱，这些难道不是他喜欢我的表现吗？他为什么不愿意和我说清楚我们的关系呢？"

因为这段关系的问题，小芸一度陷入抑郁，经常失眠，学习生活也受到很大的影响，她渴望得到一个确切的答案。

小芸的困惑主要有两个：那些行为算有好感吗？都做爱了还不算爱吗？

在案例中，小芸自认为对方对自己有好感而喜欢上对方，首先可以看出：小芸对这段关系有期待，只是这种期待是基于自己的主观感受。要知道，有时候主观感受不一定就是事实，出现对方喜欢自己或者不喜欢自己的结果都是正常的。

后来，小芸的这种期待没有被充分满足，她开始对这段关系感到困惑。可以看出，在和这位男生进行亲密互动之前，她并没有跟对方进行"确立关系"的沟通。小芸对这段关系的困惑，正是源于缺乏这样的沟通。

我们要知道：在对方没有给出确定答复前，我们不能自发认为和对方约会便是确定了恋爱关系。所以，在谈恋爱的"谈"阶段，我们尽量不要给自己一些基于主观的、过高的期待。

每个人对"有好感"的定义是不一样的，我们不能依据自己对"有好感"的定义去解读他人的行为，"有好感"本身也不能当作确定答复。

我们成长过程中经历的教育、社交，让我们对性、爱产生了不同的理解。有些人认为爱是性，是婚姻，是傍晚散步两个人的影子，是清晨醒来听见的鼾声；有些人认为爱是责任，是占有，是自由的锁链，是和一个人走下去的慎重决定；也有人认为爱包含了上面提到的一切。

那么，做爱就代表爱吗？

很多人认为性和爱是一件事，它们不可分离，不能理解为什么会有人在不爱一个人的情况下和这个人做爱。

很多人以为"做爱就是爱"，选择用这种方式让自己跟喜欢的人建立更深的链接，忽视了关系发展过程中两个人需要在情感层面进行更深层次的链接。这样往往会导致，两个人没办法形成让对方具有安全感的依附关系，其中一方或者双方常常体验到焦虑、不信任等负面情绪，这其实就是所谓的"假性亲密"。

欲望和爱，不是一回事。小芸首先应该学会把欲望和爱分清楚，才能理解有好感、欲望和爱究竟是怎样的关系，这样也有利于她在发展亲密关系的过程中保护好自己。

我们要分清，完整的爱不仅需要双方有欲望，喜欢彼此，还需要彼此间的承诺与责任。对于有些人来说，他们最难做到的就是履行承诺，经常将性和责任分开。

如果一个人认为爱是对对方负责、忠诚陪伴对方，而他暂时没有拥有这样一段关系的需求，那么此时他一定不会将对一个人的好感定义为"爱"。所以，向对方确认彼此关系的判定，就显得必不可少了。

当然，向对方确认彼此关系，得到的答复也未必就真实可靠，就如小芸担心的那样，被骗的情况也时有发生。尽管如何鉴别对方是否爱自己，这并没有统一的标准答案，但是，我们也可以给小芸一些可供参考的建议。

如果他真的爱你，可能会有这些表现：

（1）会主动跟你确认关系，给你承诺；

（2）如果你拒绝做爱，他不会给你施加压力或者立即放弃你；

（3）会把你介绍给自己的朋友认识，带你参加聚会；

（4）在你需要照顾、帮助时，他会想办法守护你；

（5）不只是花言巧语，更愿意为你付出实际。

当你拒绝做爱，这个人立马停止对你嘘寒问暖，对你忽冷忽热，对你们的关系闪烁其词，却依然给你很多性暗示。遇到这些情况，我们就该多考虑一些了，因为这些情况都表明这个人还没有做好"爱"你的准备。

## 为什么会形成假性亲密关系?

假性亲密关系是指两个人并没有真正意义上的"亲密",而是通过种种"假象"来让两个人显得很亲密,那种看起来的亲密更像是两个人在默契地配合"作秀"。在外人看来,可能觉得这两个人的确很亲密,但实际上两个人在这段关系中并不开心,也没有什么安全感和信任感。

假性亲密关系的形成原因很复杂,有心理学专家认为可能跟一个人从小缺爱有关。父母看不到孩子的需求,没有在孩子难过时及时给予鼓励,从而让孩子产生自卑感,以及对爱的不安全感。于是,孩子避免不安全的感觉,就会表现得非常"乖巧"。成年后,这种习惯延续到亲密关系里,就会让这个人在亲密关系中表现得非常顺从,压抑自己的真实想法。

对一部分人来说,和刚认识的对象过早发生性行为,也可能让他们陷入假性亲密关系。并不是说过早发生性爱导致了两个人假性亲密,而是一些人会把性爱视作两个人最深层次的链接,因而以为双方已经是非常亲密的关系了。与此同时,这两个人没有来得及充分了解彼此，没有准备好接纳对方身上的一些自己还没看见的缺点。于是随着时间的推移，两个人会觉得越来越不舒服，同时又依然为了维持这段关系而"作秀"，这种情况便不是真正意义上的亲密。

## 健康的恋情是什么样子的？

从性学角度来看，健康的恋情有三个维度，分别是生理、心理和社会文化。

首先，从生理的角度来看，我们的身体是非常有智慧的，一段不健康的恋情会给我们带来非常疲惫不堪的感觉，而健康的恋情会让我们的身体处于良好的状态。这提示我们，在健康的恋情中，我们要相互照顾好彼此的身体，避免意外怀孕，减少性传播疾病等情况发生。

其次，健康的关系能够让我们在心理层面感受到温暖和力量。健康的恋情是心理上的相互温暖和支持。你和伴侣之间可能会有争吵和矛盾，但你们总是在寻求共同点，保留差异的部分，当你看到这个人的时候，你会有一种力量感。而不健康的恋情通常会让一方感到担心或害怕，这可能源于你曾经被 TA 冷漠对待或蔑视过。当你想到这个人的时候，你可能会有一种厌烦的情绪，这就在提示你，你目前处在一个不健康的关系中，而这样的关系也很难长久。

最后，健康的恋情应符合自己的道德标准和社会的法律要求。

一段健康的恋情并不是物质上的满足，而是当你想到 TA 的时候，你的内心会感到丰盈和有力量，从而拥有不畏孤独的勇气，在你的人生遇到苦痛的时候，你相信有那么一个人会支持你，信任你。

百度百科　词条详解

假性亲密关系　进入词条

## 04
# 如何拒绝不喜欢的人？

夏夏还没来得及跟小东表明心意，就收到隔壁班小明炽热的告白。夏夏既欣喜也很忐忑。她和小明只在几次社团活动中见过，小明是热情大胆的男生，在社团活动中经常冲在最前面，但有时候也显得很冒失，他像一个小太阳，让人感到温暖。

该怎么办呢？夏夏很纠结。她能明显感觉到自己对小东的"心动"，虽然他们的关系还没有最终确定，但夏夏对小东有那种"朝思暮想"的感觉。然而对小明，她更想和他试着做朋友，虽然小明没有什么不好的，但就是没感觉。

要怎么回答小明呢？

夏夏不想拖着小明，也不想伤害他，她在内心里感激他，他的喜欢，让夏夏很有自信。但是夏夏觉得，他们只适合做朋友。

如果你是夏夏，是不是也会偷偷高兴，同时又感到烦恼呢？高兴的是因为有人喜欢我、欣赏我，这是一份赞美和肯定；烦恼的是，面对这样一份感情不知该如何拒绝。因为夏夏现在心属小东，而且很明确自己对小明并没有爱情，顶多有友情罢了。

其实在关系建立的阶段，明确自己内心的想法，清晰明确地表达自己对一段关系的界定是非常重要的。对于夏夏来说，表达拒绝比表达感情更难，但这也是我们在亲密关系中需要掌握的一项技能。即使感觉为难、不好意思，我们也需要清晰明确地表达自己的感受和想法，而不是欺骗自己，欺骗对方。

那么在具体沟通时要注意什么呢？

首先是冷静思考和判断，自己对这个人的感情和定位。比如像夏夏的这种情况，她已经清楚自己内心不讨厌小明，觉得适合做朋友。但是对于有些人来说，对一些人的情感并没有那么清晰明确，那么这时候可以暂缓回答对方，可以明确地说，自己并没有想清楚，还需要一些时间。如果你已经像夏夏这样明确感情，那么可以委婉地拒绝对方。

拒绝的时候，你依然需要注意方法。

■ 首先表达感谢

表达感谢是真诚的，有人喜欢自己、肯定自己并鼓起勇气向自己表白，我们要感谢他看到了我们的闪光点。

■ 把自己的想法和立场表达出来

主要包括你对他的感觉，以及你对这段关系的界定。这既是对对方感情的一份回应，也是一种尊重。比如"我对你只有同学或朋友的感觉""我觉得你很温暖，是很优秀的人"等。然后是对这段关系的界定，你希望继续观察，还是明确不喜欢对方，或者是期待做朋友，都要清晰地告诉对方。比如"我想我们还是做朋友合适""谢谢你喜欢我，但你不是我喜欢的类型""你不用在我这里投入时间和精力，祝你早日找到属于自己的幸福"等。

■ 在表达拒绝的时候要注意沟通方式

拒绝一个人要适当考虑对方的感受，比如尽量不要在大庭广众之下拒绝，要考虑对方的自尊，委婉地表达。沟通的方式有很多种，比如亲笔信表达，通过见面或者网络表达，直接发好人卡等，这些都是拒绝的方式。

总之，拒绝也需要勇气和方法，恰当的拒绝是对彼此感情和关系的尊重。拒绝别人，可能会令其伤心和难过，但这对 TA 来说，也是 TA 需要去面对和承受的，表达拒绝的人不必因此感到内疚或自责，选择直面自己内心是正确的、负责任的行为。

## 网恋可靠吗？有什么需要注意的事情？

无论是现实生活中的恋爱关系，还是经由社交网站上认识的恋爱关系，都存在一定的风险。换个角度看，网络是人与人之间的沟通载体和工具，但是由于网络用户存在虚拟、隐蔽等特点，这让原本就存在的两性之间的博弈更加深不可测。网恋引发的诈骗、网络暴力等教训值得我们警惕。

首先，不轻易相信陌生人就是对自己的一种保护。由于网络上的某些信息我们无法判断真假，我们要用辩证和将信将疑的态度去看待一些信息，同时不轻易暴露自己的身份信息，比如学校、家庭住址等。

其次，要注意自己财产和隐私的安全。恋爱关系中，无论是金钱还是身体，我们都要守护好，应让他们独立于情感关系之外，而不是成为爱情关系的牺牲品。不轻易转账，不轻易暴露自己身体的隐私部位，都是对自己和这份感情负责任的表现。

最后，如果一旦发现对方存在敲诈勒索或者让自己感觉不舒服了，应立马寻求警方或朋友、家人的帮助。

总之，网络恋爱只是恋爱的一种途径，最后爱情终究需要落到真实的生活中来，所以有条件还是需要两个人见面沟通，增加爱的真实性！

## 遇到这类人追你，快逃！

### ■ 一切都是别人的错，没有反思精神的人

一段关系是双方共同维持的，在亲密关系中没有自我提升和成长的意愿，没有反思精神，这非常可怕！如果你们遇到问题、矛盾冲突，对方总归结为你的错、你的责任，从来不反思自己的问题，犯错不认错、不道歉，不自我调整和改变，那么遇到这样的人，你就可以说再见了。

### ■ 使用暴力的人

这种暴力既可能是肢体的，也可能是精神上的。如果一个人控制不了自己的情绪，对你动手了，那么这已经是严重侵害你身体的行为，完全可以直接分手，不用给他找任何理由。总之，谈恋爱是为了相互促进、共同进步的，任何形式的暴力都会对亲密关系造成伤害。遇到有暴力倾向的人，一定是分手保平安。

### ■ 没有责任感的人

如果你们没有准备好结婚，没有准备好承担怀孕的后果，而

另一半却在你们的性生活中铤而走险，把意外怀孕的风险转嫁给你，那么你一定要小心，这个人没有责任感。对于这样的男人，一定要重申你的边界和底线，否则，你的身体和心理都会受到极大伤害。

百度百科　词条详解

网恋　　进入词条

## 05

# 表白被拒，放弃还是坚持？

小凌和小桐是大学同班同学，在大二这一年两人经常一起处理一些班级活动，配合默契，于是也成了要好的朋友。小凌觉得小桐是一个做事非常细致且负责的男孩，处理工作也很高效，平时生活中也非常幽默，热爱运动。小桐的积极、阳光、上进，一下就让小凌对恋爱的生活有了幻想。小凌在和自己的闺蜜商量之后，选择在一个周末向小桐发信息表白！

可是，表白的结果不太理想，可能当时小桐有点蒙，一直没有回复。小凌怀着忐忑不安的心回到家，直到当天晚上才收到小桐的回复："我觉得你很好，但我们还是先不要谈恋爱。"

小桐万万没想到，自己收到了一张"好人卡"。当晚，小桐彻夜难眠，她想不通为什么两个人可以那么默契，在一起那么和谐，却不能在一起？为什么小桐不喜欢自己？是自己不够漂亮、不够优秀吗？

小凌觉得自己"失恋"了，好几天迟迟不能走出痛苦的情绪。同时，小凌还是心心念念着小桐，觉得小桐的回复并没有说不喜欢自己，想换种方式继续表白，她也想找小桐当面问个清楚。但考虑了几天，又觉得这样做很丢人，想要就此放弃。

小凌该怎么办呢？

表白被拒，会让人有一种受挫感，尤其是小凌和对方已经认识很久了，鼓足勇气表白却被拒绝，这种感觉会让人难受和不甘心。此时，小凌究竟该放弃还是坚持追求呢？

　　当我们刚认识一个人不久就对其表白，此时对方对我们还不太了解，这种情况下比较容易被拒绝。尤其是当对方并不以貌取人，就不会简单地基于对方的颜值、身材等做出冲动的决定。

　　对于两个已经认识有一段时间的人来说，彼此可能已经有了不少了解，能够判断对方是否适合跟自己谈恋爱。

　　小凌正是在两个人已经比较熟悉的情况下向对方表白的，依然被拒绝，是不是意味着两个人已经没机会在一起了呢？答案依然是不确定的。或许小桐一直习惯了和小凌做朋友，对于突然收到的表白没有做好心理准备；或许小桐觉得两个人目前有工作关系，不太适合谈恋爱……

　　但唯一可以确定的是，"小桐当下不想接受小凌的表白"。那么在这种情况下，建议小凌不要急于确立关系，另外，小凌此时也不宜"穷追不舍"。很多人在表白被拒绝或者失恋后，因为难以接受现实而继续和对方纠缠，试图让对方妥协。事实上，这种方式非常不利于两个人的关系朝更好的方向发展，因为被追求的一方可能会感到非常有压力、不舒服，甚至慢慢开始厌恶，逃避与追求者沟通。

所以，如果小凌被拒绝后，依旧非常喜欢小桐，同时也觉得自己并不是完全失去了机会，这种情况比较好的应对方式是"适当放手，但不放弃"。

"适当放手"一方面是给自己调整情绪的时间，另一方面也给对方更多的思考时间，也可以减少给对方的压迫感，从而让两个人更轻松地维持当前的关系，避免关系恶化。

"不放弃"主要是说小凌在维持当前关系的前提下，可以偶尔用合适的方式表达出自己的"好意"，让小桐感受到自己的真诚和关爱就可以了。

在这个应对方式下，双方都可以进一步了解彼此，也可以尝试去创造新的吸引力。此外，小凌也应该过好自己的生活，进一步提升自己，让对方看到自己更好的状态，当对方逐渐关注到以前没发现的优点，也能激起对方对自己的兴趣。

恋爱的过程中，我们会经历表白或者被表白，也可能会发起性邀约或者收到性邀约，只有双方彼此做出一样的选择，才能让关系更进一步。恋爱不是一个人可以决定的事情，这也是恋爱为什么那么难以捉摸的原因。

小凌要明白：我们会和这个世界上很多人擦肩而过，喜欢的人恰好也喜欢你并不是大概率事件，所以在寻爱的过程中，遇到各种挫折是很常见的事情。

## 约会的意义是什么？

　　当我们表达了爱意，开始和对方交往，这是不是就意味着你们已经是一对一的恋爱关系了呢？在有的案例里，一方觉得彼此已经是恋爱关系了，而另一方却不愿意承认这样的关系，会导致一些误会甚至悲剧发生。所以我们在恋爱时要学会确定恋爱关系，给自己和彼此一个明确的答案，这在我们恋爱的过程中非常重要。

　　但是，确立关系这件事并不能急于求成。在两个人刚开始交往的阶段，我们要耐心地给自己和对方多一些了解彼此的机会，约会的意义就在于此。在这个过程中，你会慢慢发现你对对方或许只是一种友情，也或许对方和自己根本没有共同语言，也可能会发现你们真的很适合在一起。

　　所以大家有必要给自己和对方这样一段时间，不用轻易确定恋爱关系，在这段时间里，有任何一方觉得不合适，都可以要求终止交往。

　　如果经过约会这一步，双方彼此都觉得合适，这时就可以开始对你们的关系进行一些设置了，可以讨论一下你们是怎样的关系，在这样的关系里，你们可以做什么，不能做什么，自己的底线是什么……

所有对你们确立关系和承诺至关重要的事情，你们都可以彼此进行深度沟通。这些沟通和约定可以让你们减少今后相处过程中的种种误会，也可以让你们更好地为对方的需求着想，促进你们的关系更健康地发展。

## 异地恋如何保持信任感？

异地恋保持信任感首先要保持连接，给对方安全感。异地恋因为分隔两地，需要依赖通讯保持连接，否则会给人一种正在失去对方的不安全感，所以，保持联系，哪怕是简单的问候，也非常有必要。

其次，异地恋要增加沟通中的情绪价值，提供亲密度。虽然保持链接可以增加安全感，但是如果没有温度，异地恋也容易凉凉。在两个人的沟通中，去理解彼此的情绪，看到对方的需求，会增加两个人的感情温度。

最后，异地恋最重要的是要想办法结束异地的状态。三毛说："爱情如果不落实到穿衣、吃饭、数钱、睡觉这些实实在在的生活里去，是不容易天长地久的。"

所以，异地恋最重要的是想尽一切办法结束异地状态，想要在一起的人，总会想办法双向奔赴。

# 06

## 不爱了如何提分手？

一晃时间过去了一年多，夏夏和小东的恋情进入了一种索然无味的阶段。什么叫索然无味呢？夏夏感觉两个人的共同话题越来越少，彼此很多观点、看法都不同。夏夏理解，看法不同其实很正常，成熟的思维需要包容不同的观点。但是夏夏最生气的是小东并不这么想，他经常因为观点不同而讽刺嘲笑她。

最近小东联系她的频率也越来越低，偶尔三五天都不说一句话，连微信都不回。一旦积极主动就是说要去开房！说到这儿就更让人生气了，小东到了床上一点耐心都没有，总是很着急，不顾夏夏的感受。有的时候甚至还不戴套，夏夏总是提心吊胆，生怕意外怀孕。

对于未来，夏夏也非常绝望，小东像个小孩子一样，整天沉迷于打游戏，跟夏夏在一起也常常玩手机刷视频，关于工作、生活，他们能聊的越来越少。

夏夏对小东越来越失望，觉得这些事情也反复沟通了，没有任何改变的迹象。小东，可能还是当年那个小东，但她已经不是当初那个夏夏了。

夏夏想分手，但又不知道如何开口。

一段关系有开始，就可能会有结束。浪漫的人常常想着天长地久，但现实却总是分分合合。学会分手，处理好分手也是我们恋爱中需要掌握的一项技能。

　　要知道，在恋爱中，我们必须要忠于自己的感受。如果你在一段关系中，感觉不到爱，反而感觉到对方对你的蔑视，忽略你和你们的关系，那么我们一定要首先接收到自己的感受，好好想想当你想到这个人或者和这个人待在一起是什么感觉？不要否认这种感觉，允许它出现，然后再来做决定。

　　就像夏夏，她虽然通过理智的分析感觉自己对小东的爱越来越淡了，但还是要回顾一下自己和小东在一起时的感受，然后再做判断。

　　我们要珍惜每一段关系，但是不合适的，交往不下去的时候，就要考虑这段关系是否还值得继续下去了。

　　分手当然是一种选择。分手需要勇气，当你想好了，准备好了，就可以去表达。需要注意的是，分手是严肃的、认真的，切不可儿戏，也不能因为生气就把"分手"挂在嘴边。

　　所以，夏夏可以找个机会认真和小东谈一谈。具体怎么谈比较好呢？

　　坦率地说出自己过去一段时间和当下的感受，再表达分手的想法和决定，最后再祝福对方即可。比如，夏夏可以告诉小东最近在一起就是感到非常失望，让自己感觉到被忽视，也很绝望，最后再说自己的想法和决定。

有的时候分手并不会一帆风顺，有些人可能会纠缠，有些人会恋恋不舍，也有些人会发誓改过自新希望能给一次机会，重新开始。

一对伴侣认真地讨论分手，是严肃认真地面对这段感情的一部分，这对于一段感情来说，可能是逗号，也可能是句号。

甚至，有的时候结束一段感情可能都不需要理由。我们要有一种意识：恋爱追求着确定，但也是不断筛选、淘汰的过程。

当然，分手不是绝境，也是两个人深入沟通一段关系的契机。所以，一段好的关系需要两个人来共同维系，尊重自己的感受，表达自己的想法和决定，分手也是对自己的尊重，也是对这段感情负责任。

拓展问题

我跟前任上过床，后来分手了，要不要告诉现任男朋友？

首先，你要知道，你的性行为属于你的个人隐私。跟前任发生性关系是你当时的一种选择，没有人能知道一份感情是否能走到最后，所以当时的决定并没有对错。至于要不要告诉现任男朋友，这也是需要考量的，在亲密关系中，怎么分享隐私，什么时候分享隐私，甚至不分享隐私都是可以选择的，也各有利弊。决定是否该沟通和表达这件事时，有一个前提是自己对过往的经历要有积极的认识，因为你的过去无论现任男朋友怎么看都不重要，你自己的看法才最重要。

在处理这件事上，我们可以先了解男朋友的态度和想法。根据他的态度再做决定。总体而言，真诚不欺骗，坦荡大方即可。不成熟的爱，常常带有占有和嫉妒的欲望，我们的伴侣也可能有这个情结，所以适当考虑他这方面的感受，不描述细节，只告诉他结果即可。

## 分手后怎么走出失恋的伤痛？

给自己时间。你想用多久走出来？有的人三年，有的人三天。给自己一个时间期限，在这段时间里，去哀悼，去伤心，去恨，去总结，去反思。

给自己更多爱。你失去的是一段感情，肯定是需要情感支持的。这些情感支持，可以是新欢，可以是网友，可以是心理咨询师，朋友、同学、亲人都可以，总之你需要更多的爱来支撑。

给自己的生活一点活力。找一些热爱的、对自己有益的事去做，比如阅读、写作、运动、旅行，就像有朋友说的那样，做点有意义、能够让自己产生心流的事。

你一定要好好和自己的这段恋情告别，TA 让你看清了自己在这段感情中的期待、需要，这让你有机会成长，有机会去了解自己。也许分手时你仍有恨意，但最后 TA 只会是你人生中的一个过客，多年之后，你会一笑而过，也许会云淡风轻，也许会泛起涟漪……

## 分手之后可不可以做朋友？

分手之后做朋友，对两个人都有很多的要求，它并不容易。

首先我们要考虑清楚这样的想法和念头是不是对这段关系还有不舍，你对这个人是否还有内疚或自责的情绪。这通常是主动提出分手的那个人常做的一些"防御"措施，通过"做朋友"来弥补自己的内疚感。面对这样的情况，我们可以拒绝做朋友，直接告诉对方，无须感到内疚，毕竟一段感情的结束大家都有责任，不是某一个人的错。

当两个人心中都没有了强烈的情绪之后，再来讨论是否有做朋友的必要。友谊是人生中非常重要的情感，它能提供支持、温暖和帮助，区别于爱情里紧密的联系，它常常没有承诺，也没有性的激情，它有的是对这个世界相同的爱好、彼此的理解和支持。

两个曾经相爱过的人，再做朋友，需要对彼此有非常清晰的认识，理性且客观的、相同的态度，如果做不到就别勉强。做个路人也是不错的选择，毕竟你可以选择做朋友的人很多，为什么一定要和这个曾经爱过的人做朋友呢？多问问自己，你会有更好的答案。

# Chapter 2

爱与痛的边缘

## 07

# 原生家庭让我不会恋爱怎么办？

　　小芸感觉自己谈个恋爱，心中满是伤痕，两人在一起一年多，她总是没什么安全感，自己的控制欲强但又容易自卑。其实，开始谈恋爱时并没有觉得什么，但随着感情的深入，一发生矛盾她就想分手，谈恋爱一年，他们已经分手了三次。这次吵架，她再次提出了分手。男朋友小东也受够了折磨，同意了。

　　小芸心里慢慢有一个念头："我再也不谈恋爱了。"

　　这段感情让她感到煎熬，但是当她冷静下来，她又理智地知道这些问题不全怪男朋友——自己的问题更大。小芸认为自己的家庭条件非常糟糕，父母务农，家庭收入微薄，但男朋友家庭条件优渥，有一个在大学当教授的妈妈。另一方面，父母的感情也不好，母亲是个控制欲很强的女性，而父亲很窝囊，总是能躲就躲，能跑就跑，常常一吵架就外出打工半年才回家。这样的成长环境，让年轻的小芸根本不知道如何面对冲突和矛盾，她经常委屈自己，满足男朋友，比如性方面。她很害怕男朋友离开自己，有时候不敢提自己的想法。

　　小芸看了很多心理学的书，发现自己的自卑、懦弱、委屈，都能追溯到自己的原生家庭。她不禁想问，原生家庭的不幸让自己不会再爱了，被裹挟的自己又能怎么办呢？

"原生家庭"这个词近些年常常见诸媒体，也有很多人把自己的很多心理问题都归咎于原生家庭。的确，家庭对一个人的生活和成长有着极大的影响，对于性观念、恋爱和人际交往更有着直接的影响。心理学家阿德勒有一句名言："幸福的人用童年治愈一生，而不幸的人用一生治愈童年。"尽管原生家庭的影响力十分强大，但并不是无法改变的。

　　对于一个成年人来说，我们无法选择自己的出身，原生家庭是我们成长的土壤。年幼的时候，你没有能力选择；但成年以后，你要有摆脱原生家庭桎梏的勇气，为自己的幸福生活添砖加瓦。如果你一味把全部的问题和责任都归咎于原生家庭，去责怪，去抱怨，你可能会失去更多。

　　对于大多数人来说，父母提供了基本的生活保障和成长环境，剩下的就需要我们自己努力，有时候我们只能接受命运的安排，就地搜寻成长的资源和机会。

　　在这个案例中，小芸自卑、没有安全感、不善于沟通和表达，多是家庭赋予她的性格特点。对于任何一个人来说，性格特点都是双面的，很多时候没有优劣之分，都是人的特点罢了，当我们意识到这些特点的时候，我们就有机会去调整和改变。

　　自信、安全感、沟通能力都可以通过后天的学习和训练获得，如果你带着反思、觉察，以及自我成长的意识去恋爱，去经营自己的亲密关系，你会发现随着时间的流逝和自我的努力，你的自信、安全感、沟通能力都会发生变化。

所以，与其责怪抱怨原生家庭给你的"创伤"，不如接受或者感激原生家庭给予自己的机会和挑战。

当我们有了积极的心态之后，再去学会如何好好去爱。在案例中，小芸的安全感可以通过恋爱在一定程度上得到满足，比如男朋友的欣赏、肯定与支持。但是也要意识到我们的安全感并不能完全依赖情侣来获得，我们还需要在内心滋养出安全感，认为自己是值得被爱、被尊重、被珍惜的，是一种对自我的确认感和肯定感。

也许这对于年轻的小芸来说，还有很长的路要走。正如心理学家弗洛姆说的："如果不努力发展自己的全部人格并以此达到一种创造倾向性，那么每种爱的试图都会失败。"所以，勇敢去爱，带着反思和觉察，不断地成长，我们内在的安全感会在这个过程中生根发芽，我们的人格也会日趋完善。

**拓展问题**

**谈恋爱，父母总是干涉怎么办？**

首先，你要给父母一种感觉：我能拥有幸福。大多数父母干涉孩子的恋爱或者婚姻，最大的诉求是希望孩子能幸福和快乐，他们希望或者期待在孩子的人生路上，少走一些弯路。所以，你要展示你的能力，告诉他们你有获得幸福的能力，甚至你要传递出一种力量，当你遭遇挫折的时候，依然有力量走出来。

需要说明的是，这种能力不是说说而已，而是一些现实的内容，比如独立的经济能力。

其次，你要跟父母有良好的沟通和互动，也需要有适当的距离。恋爱的目标之一是和另一个人组建独立家庭，也就是说，一个人只有跟自己的原生家庭在心理上完全分离，才能真正独立地去恋爱。这种分离对父母而言是被动接受的，父母面对自己的老去、孩子的离开，潜意识中是会有不舍或者分离焦虑的。所以，作为孩子要跟父母沟通，帮助他们处理分离焦虑，让他们清晰地意识到，作为孩子的你，已经是一个成熟的个体，你需要独立地去面对属于自己的人生了。

## 没有安全感，如何谈恋爱？

如果你感觉自己在谈恋爱的时候，总是患得患失，不是担心对方出轨，就是担心自己被抛弃，这些是典型的在爱情中没有安全感的表现。

你可能听过这句话——安全感来源于一个人的内心，无法靠伴侣给予。但事实上并非如此，一个靠谱的伴侣会给你更多的安全感；一个总是背着你打电话、把聊天记录删得干干净净、总是不打招呼半夜才回家、动不动就失联的人，即使你内心再强大，遇到这样的人也难免会不安。

要知道，爱情里的安全感是双向促进的。

一方面我们要让自己内心强大，拥有明辨是非的能力；另一方面，我们要给对方同时也要求对方给自己一个值得信任、坦荡磊落的行为方式。比如：

■ **重视承诺，言出必行**

答应的事情，要尽量做到，不能只会夸夸其谈；如果做不到要提前沟通，请求谅解。

■ **和其他异性保持适当的距离**

工作生活中行事有分寸，有边界感，不搞暧昧，不聊骚，遇到特殊情况主动报备避免误会。

■ **积极沟通，不失联，不搞冷暴力，让彼此的生活同频**

恋爱中不知道对方是怎么想的，不了解彼此的需求，也容易造成无安全感。所以积极沟通，主动表达自己真实的想法和需求，保持两个人生活的链接，安全感自然就会增加。

---

百度百科　词条详解

　原生家庭　　**进入词条**

# 08
# "不愿爱的没有答案结局"

就在公园的一个转角，小静看见自己深爱的男人正牵着一个五岁左右的男孩，另一只手被一个身材娇小的女性挽着。小静的心扑腾扑腾跳得特别厉害，一阵眩晕袭来，她有点想吐，找到一个没人的墙角，她痛苦地蹲下来。

虽然这一切早有心理准备，但真正出现在小静面前的时候，还是难以接受。一切都发展得太快，她不知道自己为什么会喜欢上一个已经结婚有家庭的人，那种感情难以克制，自己的初吻、初夜，一切的一切她都心甘情愿地交给了刚刚那个男人。她也不想破坏他的家庭，可就是喜欢和他在一起的那种感觉。

他也坦诚不会离开现在的家庭，但又贪恋两个人在一起的激情。他们也尝试过分开，但每次小静都忍不住来找他。

眼前的这一幕，像一盆冷水把内心原本熊熊燃烧的火焰瞬间浇熄！小静始终都不明白自己为什么会做出违背世俗道德的行为，对他付出那么多，爱上一个不可能在一起、也不可能有未来的人。

小静这样的情况并不是少数，有些女孩知道已婚男人不能碰，最后还是情不知所起，一步步沦陷进去，这到底是为什么呢？

在意识层面，已婚男人或者那些感情经历丰富的男性会给她们更多成熟可靠的感觉，这样的男性普遍拥有更多的社会资源或者相对成熟的处事风格。

但在潜意识层面，已婚男人给她们的感觉是——不会把自己陷得太深，他是有家庭、有老婆的人。我们有更"纯粹"的爱，但在一起注定没办法长久，这样的悲剧情节颇具浪漫主义气质，那种若即若离的感觉也许在内心深处鼓动着自己。

可以说大多数这样的女孩，她们都很渴望亲密关系，又害怕那种长久稳定的亲密关系，因为过于亲密就会把她们淹没。

所以，她们宁愿选择那些几乎没有结果没有未来的人，理智上知道不能和已婚男人发生关系，但是又没法完全理智地做抉择。

而出轨的已婚男人大多把婚姻视作牢笼，他们外出寻找新鲜感，刺激他们无处安放的自恋与虚荣心。

*心理学有一句话：未曾体验的会被理想化。*可能对于小静来说，没有体验过被人真正呵护和珍惜过的感觉，于是把现在拥有的这种虐恋当作是"爱"。

爱没有对错，但关系有对错。与一个处在婚姻关系中的人产生情侣关系，这种关系不被道德所允许。

可以爱，但关系是需要做出选择的，有一种爱叫作"相忘于江湖"，有一种选择叫作"发乎情，止乎礼"。

小静的感情，在她那里是爱情，在已婚男人那里是游戏。所以，小静需要做出的选择是结束这段没有未来的关系。我们依旧可以去总结和反思这段关系给我们带来的是什么，爱的能力也将在挫败中得到，这次爱错了人，那么下一次我们将更加成熟。

**拓展问题**

**感觉做爱比较简单，但不会恋爱怎么办？**

做爱，做好了安全措施好像不是什么困难的事情，反而是恋爱、建立亲密关系，更让人感到困扰。确实，因为做爱只需要原始的冲动，但是建立亲密关系，需要沟通能力，需要生存能力，还需要智慧。

所谓亲密关系，是两个人之间有一个舒适的距离，可以相互取暖，不会相互伤害。有些人难以跟别人建立很好的关系，一方面是因为内在柔弱，有一层厚厚的壳进行自我防御；另一方面是又有长长的刺，别人一旦靠近就会被刺得头破血流，最终两败俱伤。

但爱是一种能力，可以通过后天学习，比如你尝试过爱情的伤痛和苦楚，那么你可以总结经验，继续前行。恋爱，是一个筛选伴侣的过程，有些人就是不合适，大家不在一个频道；有些人说不清哪里好，但就是忘不了。爱情本来就是感性的产物，不是理性的结果。

冲动、盲目，有时候是爱情的底色，但关系的构建又需要理性分析和判断。有时候我们得不到或者错过一段感情，其实跟他人无关，仅仅是我们内心无法相信自己的判断，又无法理性经营这段关系。

所以，请相信自己，继续去爱，去付出；理性地沟通和自我分析，你终将收获爱情。

## 09

# 我喜欢一位男同学，我是同性恋吗？

从上高中以来，小松就一直有件心事：他跟班上一位叫小林的男同学关系很好，经常一起去吃饭、运动、放学回家……但是，后来小林有了新朋友，有时候看着他们一起出去玩没带上自己，小松发现自己似乎有吃醋的感觉，他担心自己在小林心中的位置被这位新朋友取代。

后来，小松的这种感觉越来越重，甚至有时候想和小林有更亲密的接触，他感觉自己爱上了小林，但他同时又觉得这种关系"不正常"，一直不敢跟小林说。

如今，小松和小林都上了大学，为了解除心中一直以来的疑惑，小松找到了性教育老师咨询。

小松说："现在心里依然非常牵挂小林，也不想跟女生谈恋爱，有时候也会对其他男生有兴趣，我有点不知道怎么面对这些感受，我是同性恋吗？"

小松的困惑点主要有两个：他该如何定义自己的性倾向，他该如何面对自己内心对同性的好感。

如今，同性恋并不是一个令人感到陌生的词语，但是很多人对于自己或者他人是不是同性恋依然感到非常困惑。一方面，由于社会偏见，人们会对自己可能是同性恋感到焦虑；另一方面，人们不了解性倾向的具体定义，不知道该如何去判定自己属于哪一类。

其实，对同性有好感是非常正常的一件事情，古今中外这样的情况在人类社会都一直存在。在不同的历史时期和文化背景下，人们对这种性爱偏好的定义也不一样。

同性恋是被人们创造出来的一个词语，它属于当今人类的一种性倾向。

如今，我们对性倾向的定义是这样的：一个人在情感与性两方面同时被相特定性别的人长期、稳定地吸引。从这个定义可以看出，判定一个人的性倾向，需要同时考虑情感与性两方面是否会被特定性别的人吸引。此外，这种吸引还需要是长期、稳定的。也就是说：临时、短暂的，对特定性别的人产生这些感觉，不足以被定义为某种性倾向。

由此可见，一个人是不是同性恋，这需要他自己去探索和感受，这个过程往往需要一段相当长的时间。

需要说明的是，同性性行为不等于同性恋。同性性行为是指与相同性别的人一起进行的性行为，是否发生同性性行为与其性倾向和性别认同之间并没有必然的联系。而同性恋是一种性倾向，是基于自己的性别认同对相同性别的人感受到持久的浪漫情感和性吸引。

从小松的描述来看，我们可以发现他的确在相当长一段时间里对男性产生了情感上的依恋。不过，他是否对男性同样具有性欲望？他的性欲望是否仅仅指向男性？这一点需要小松进一步进行探索和感受，最终他会明白自己的性倾向究竟是怎样的。

进行"性倾向的自我认同"是一个人成长过程中非常重要的一件事情，在进行这种认同的过程中，我们常常容易受到很多外界的干扰，以致我们不容易了解和接纳真实的自己，从而在生活中遇到非常多的问题。

小松在进行"性倾向的自我认同"时，应该排除各种各样的外界干扰，尊重自己的真实感受，也能基于此作出对自己和他人都负责任的决定。

其实，小松甚至不用去纠结自己的情况是否符合"同性恋"的定义，因为给自己贴上某个标签，设定那么多条条框框，这并不等同于会让我们过好自己的人生。相比之下，我们对自身性倾向充分、深刻的了解，以及对其良好的自我接纳更加重要，这能够让我们更轻松、快乐地面对生活。

作为旁观者的其他人同样也应该明白这些道理。我们不要去对他人的性倾向妄下定论，因为我们无法去感受他人在情感和性吸引方面的感受究竟是怎样的。我们更不该强行把某个标签贴在他人身上，以致让他人因此遭受歧视甚至暴力。

如果老师和家长遇到小松求助这些问题，请切记不要急于替小松否定他对同性的好感，更不要去对他的这种感受进行负面评价甚至是羞辱。这些错误的做法只会让小松无法正确地认识自我，也会因此陷入焦虑、痛苦的情绪，甚至可能造成更严重的后果，而他对同性的好感并不会因此被消除。

家长和老师首先需要认可小松的这种感受，这种支持对小松形成良好的自我认同非常重要。此外，如果家长和老师有条件，也可以去补充一些性教育方面的科学知识，以此赋能，使自己更好地去支持小松。

**拓展问题**

## 什么是同性恋扭转治疗？

■ 定义

"同性恋扭转治疗"指的是意图改变个人性倾向的"治疗"，科学研究证明，所谓的"扭转治疗"不但无法改变人的性倾向，还可能对同性恋者的心理产生负面作用。同性恋扭转治疗持续时间通常为1个月到6个月不等，所需费用比普通心理治疗或咨询高，方法以"心理治疗"为主，除此之外，少数扭转治疗实施者还可能使用药物治疗、物理治疗的手段。

- **不科学性**

许多精神卫生组织都表达了对意图改变性倾向的有关"治疗"的担忧。迄今为止，没有任何科学研究表明改变性倾向的"治疗"是安全或者有效的。此外，推广这类"治疗"很可能固化对性少数群体带有偏见的刻板印象，恶化同性恋和双性恋者的生存环境。生长在思想观念较为保守家庭的同性恋者和双性恋者更有可能经历这种"治疗"。

- **负面影响**

北京同志中心 2014 年发布的《中国同志中心心理健康报告》显示，接受过扭转治疗的受访者没有任何一例改变了性倾向。不仅如此，扭转治疗还会给接受者带来情绪和社会适应能力方面的负面影响，包括导致其抑郁加重、极度痛苦、无法改善的焦虑、轻度受虐倾向和休学等。

## 同性恋情的维系

由于社会环境的影响，不同性倾向人群发展恋情的方式、面临的外在约束等的确有区别，但这些区别并不意味着感情无法正常维系。

首先，很多同性恋者都是依赖于社交软件寻找伴侣。这种方式某种程度上增加了同性恋人群社交的机会，有了更多机会进行社交，自然也有可能遇到更加适合自己的伴侣。

然而，也正是因为社交软件的便利性，一些同性恋者养成了"短平快"地寻找恋爱对象的习惯：软件上聊几句、发发照片，互相之间就以为有了那种爱人的感觉，甚至开始确立恋爱关系。

在这种情况下，人们往往只是因为对方一些表面上的优点对对方产生了好感，就将对方"脑补"成自己心中完美的恋爱对象，可一来到现实中，就会发现对方身上有自己看不惯的地方，甚至非常嫌弃的地方。于是，当一些不和谐的因素浮出水面，两个人并没有充足的心理准备去化解这些问题，分手就难以避免了。

我们不能评价这种基于社交软件实现的"短平快"式的爱情不好，但从发展长久恋情的角度来说，这种方式容易产生我们提到的这些问题。

其次，由于我们从小到大受到的异性恋文化影响，很多同性恋伴侣潜意识里依然会觉得恋爱中的两个人，一个扮演着异性恋中的"男性角色"，另一个则扮演着异性恋中的"女性角色"。

不可否认，人们的性格千差万别，不管是一个人的性别气质偏男性还是偏女性，这都没什么问题。可是，一旦同性恋者刻板地将异性恋思维带入自己的亲密关系中，就可能会对自己的感情带来一些微妙的负面影响。

这些影响主要体现在两个方面：一个人觉得另一个人是"老公"的角色，那么他就应该承担起异性恋中老公的一切责任，只要对方稍微有一点不符合自己的期待，就觉得对方并不适合自己；一个人觉得1（性爱中的插入方）和0（性爱中的被插入方）必须分得很清楚，才是正常的爱情，否则就是性不和谐，就没办法继续这段感情。

事实上，同性恋和异性恋不管是在情感模式上还是性爱模式上都是有区别的，刻板地将异性恋的相处方式套用在同性恋的关系上，就容易给同性恋情侣的相处增添很多不必要的麻烦。要知道：不去进行这样的角色划分，你们的感情可能会更具有可塑性。

对于同性恋者来说，想要维持一段亲密关系，我们需要跳出长久以来"异性恋模式"的思维影响和限制，去了解同性恋情本身的特点，才有可能找到更好的办法实现目标。

百度百科　词条详解

同性恋　进入词条

# 10

# 如何在亲密关系中好好沟通？

小张崩溃了，每次小静跟自己吵架就删除拉黑。然后只留下小张独自迷茫和难过。小张真的很想好好跟小静沟通，大家总会有观点不一致的时候，想法不同的时候，也不知道为什么小静的脾气很不好，容易着急，一着急就不耐烦，而这种不耐烦也会让小张不耐烦，两个人就没法好好说话。

小张知道有时候要等情绪过去了再把问题好好沟通清楚，但是他发现小静不想跟自己沟通，这就让小张更难受了。问题被搁置、被遗留的感觉让他如鲠在喉。

他觉得两个人谈恋爱一定要好好沟通，否则没办法进行下去，可是小静就是不想理他，不想讨论问题，这让小张毫无办法。

在恋爱中，沟通是非常重要的一环，小张意识到了沟通的重要性，但是有些过于急切，反而适得其反，小静也许需要的就是思考、冷静的空间和时间。沟通是为了促进相互理解，对方不想沟通，这说明对方此时有不想沟通的需要，与其强行单方面沟通，不如先满足对方需要。当然，在满足对方需要的同时，也可以表达自己的需要，比如小张需要一个确切的答复，或者需要对于某一些问题的具体看法。

恋爱就是一个寻找平衡、满足双方需要的过程。

对于小静来说，她也需要练习再主动一点去表达、去沟通，回避沟通可能是她常用的一种相处模式。也许对于小静来说，说出自己的某些想法或者需要会让她感到恐慌，或者表达某些观点、想法会激化矛盾，这些会让她感到不舒服，为了避免这些不舒服，小静选择了暂停或者不沟通的方式。

在恋爱中我们要理解，每个人都有自己的沟通习惯，这跟我们每个人不同的成长环境即原生家庭对待我们的方式息息相关。所以，对于小张和小静这对情侣来说，他们还需要为对方做些调整和改变。

在心理学中有一个著名的观点：谁痛苦，谁改变，谁改变，谁受益。对于"痛苦"程度更高的小张来说，他可以先做一些调整和改变，比如去觉察自己为什么这么着急去沟通？自己到底在担心什么、害怕什么？是不是自己安全感不够？自己为什么不能给小静更多的耐心，等她准备好了再去沟通。

对于小张来说，他也可以选择更灵活的沟通方式。比如，除了面对面的沟通，他还可以尝试使用书面、发信息的方式沟通；他也可以尝试只做一些简单的连接比如牵手或者拥抱，而不做语言上的表达。小张需要觉察自己的情绪和想法，去理解自己，从而去改变自己外在的沟通模式。

同样，对于小静来说，如果小张发生了转变，那么小静也会慢慢发生改变，也许正是这种急迫想要沟通的方式，才让小静想要回避沟通，当小张能够给出一定的空间和缓冲地带的时候，小静说不定就能参与到沟通中来了。这样的调整和沟通会让两个人的关系进入更好的良性循环。

### 拓展问题

### 伴侣沟通中，有哪些要点需要特别注意？

认真倾听，不先给结论，鼓励对方多说一些。沟通中最重要的是倾听，倾听的核心是理解对方在表达过程中的情绪和需要，所以不要贸然打断对方或者提前给出你的预判，而是尝试站在对方的角度去理解 TA。

更清晰地表达自己的想法和需要。除了倾听对方，理解对方之外，我们每个人都渴望被理解，被看见，所以，我们也需要更清晰地表达自己的想法和需要：你是怎么想的？你需要对方怎么做？直接表达你的情绪和渴望可以让对方更好地理解你。当然这对于一些人来说并不容易，我们需要更自信才能更好地这样表达，所以恋爱也是一个自我成长，自我觉察的过程。

多一些鼓励和赞美。尝试多多鼓励和夸奖你的伴侣，谈恋爱不是找人生导师，我们不需要那么多讲道理的环节，我们需要的是更多的陪伴、支持和鼓励，所以当你发现跟你相处的这个人身上有闪光点的时候，那么不要吝啬你的赞美和表扬。

## 如何有效争吵，让矛盾为关系服务？

争吵对于一对伴侣来说是不可避免的事。

如果你掌握了吵架的艺术，那么你们的关系可能会因为争吵变得更好。首先你需要知道哪怕是夫妻之间吵架也是正常的，关键是怎么吵，会不会吵。比如说夫妻之间吵架可以设置一些规则，比如不当着孩子或者其他人的面吵架，就事论事，不能骂人或者侮辱对方人格，过了晚上 12 点不吵架等。

设置一些规则，让两个人在规则中尽情地宣泄和表达，也许我们能听到一些在平常彼此无法说出口的话，这样能更好地去了解和理解对方。

争吵的本质通常都是需求没有被满足而导致的不满，所以了解彼此的需求非常重要。我们要明白自己需要什么，伴侣需要什么，在控制好情绪的前提下，清晰地表达自己的需要，这是让吵架促进感情的关键要素。

比如，有时候我们只是需要对方理解和认同，甚至我们仅仅只是希望对方让着我一点，照顾我多一点，这是我们内心的需求，当你意识和觉察到，对方需要你肯定他的想法，而你需要对方让着你的时候，你可以尝试认可他的想法，然后表达自己的需求。

吵架不是为了争论输赢或者谁对谁错，而是为了共同解决问题，要以改进彼此的关系为核心，让彼此更了解、更贴近。

所以，学会有效争吵，更好地处理矛盾和冲突，往往决定了一段关系的未来。

百度百科　词条详解

亲密关系　进入词条

# 11

# 如何识别和逃离 PUA？

　　小苏是一名大三女生，学习成绩非常好，性格也非常开朗，平时跟同学相处也非常融洽，并且乐于帮助他人。最近，同学们都发现她的情绪状态跟以前不太一样了：小苏总是闷闷不乐，也不怎么参加集体活动，这种反常的情况让大家都觉得小苏最近应该发生了什么事情。

　　后来，小苏的室友小琴通过耐心沟通，了解到小苏是因为感情方面的事情苦恼：小苏和男友感情刚开始很不错，但后来因为一些矛盾经常争吵，小苏总是退让，希望缓和关系，可两人的争吵越来越多，越来越重，男朋友经常数落小苏不是处女、做事很笨等，十分恶毒。

　　小琴了解清楚后，提醒小苏千万不要被"PUA"了。此时，小苏才意识到：自己看到过很多关于 PUA 的新闻，却从未想过自己会遭受 PUA，可是她又不太确定究竟什么样的行为才算 PUA，如果男友真的在对她 PUA，她又该如何应对呢？

如今，人们对于 PUA 并不感到陌生，它在我们的生活中不只是存在于亲密关系中，在工作、学习、交友、家庭等场合也会存在。对于 PUA 的认识，大多数人了解的信息还不够全面，于是常常有人深受其害而不自知。

什么是 PUA？

PUA 是英文"Pick-up Artist"的缩写，该英文翻译成汉语就是"搭讪艺术家"，是一种培养男性两性交往技巧的技术。该技术创造者的本意是帮助一些内敛的男性通过系统化学习与实践，不断提升其在两性交流中的交际技巧，完善其情商，从而更容易吸引异性，让异性为其着迷。

随着这项技术的不断发展，如今 PUA 已经"进化"成了一种专门对他人情感进行控制甚至是对他人进行精神虐待的手段。这种变了味的"PUA"便是如今我们熟知的 PUA，它甚至被以组织的形式开展课程与培训而快速传播，常常被用于诈骗、伤害他人。

简而言之，PUA 如今被社会上一些居心不良者用坏了，使其成为一种亲密关系中操控情感的骗术。随着 PUA 的进一步发展，这种操控策略也被应用到了亲密关系之外的很多其他场合。任何人在任何场合都有遭受到 PUA 的可能。所以，掌握预防、应对 PUA 的方法对于我们每个人来说都非常重要。

如何判断自己有没有遭受到 PUA 呢？PUA 施行者通常会有

这些行为:

- 对对方进行隐性的攻击,如冷暴力、轻视、冷漠、不负责、不守承诺等;

- 贬低对方的人格,摧残对方的情感,让对方屈服于自己;

- 善于调动对方的情绪,让你感觉心情大好,然后一句话让你跌入谷底;

- 善于推拉你们的关系,你想亲密他会回避,你冷漠他又主动靠近你。

总之,PUA 施行者常常会使用一种或多种策略给对方"洗脑",将对方的精神世界玩弄于股掌之间。通过这一系列操控,让对方觉得离不开自己,同时,又让对方在这段关系中丧失主动权。如果你的伴侣有上面这些表现,那么你就需要注意了。

很多人对于被 PUA 之后的行为特征也不了解,以致自己正在遭受他人的 PUA 而不自知,深陷痛苦。PUA 的受害者通常会有这些表现:

- 不自信、自卑,渐渐开始否定自己,低价值感;

- 在亲密关系中忽视自我,讨好、服从对方;

- 出现矛盾后,总是选择给对方道歉,即便自己没错;

- 焦虑、敏感、多疑,在亲密关系中没有安全感;

- 甚至开始对身边其他人失去信任……

说到这里,小苏应该也能大致了解到自己是否正在遭受 PUA

了。不过，这个问题的答案其实不是最重要的，更为重要的是小苏要想办法摆脱男友各种形式的操控，让自己走出负面情绪，积极地面对生活。

很多 PUA 受害者明明已经感觉到很痛苦了，却完全没有应对和改善的意识。这些受害者明明已经意识到对方的行为是不爱自己的，但自己依然选择默默承受，想方设法去维持这段关系，使得自己一步一步陷入痛苦的深渊，甚至走向自残、自我毁灭。

那么，当我们觉得遭受了 PUA，要如何应对呢？

首先，我们要做的就是改变自我，这主要要求我们做好这三点：培养独立、自信的性格，提升自我价值感；改变自己的认知，不要被对方的评价左右；重视自己的情绪和需求，拒绝一味讨好对方。

只要做好这三点，对方的打压和操控就不会影响到我们。你说我不好，那我就是不好，我就是这样的人，用不着你来指手画脚。

其次，我们也可以使用一些话术对对方的操控进行反击。譬如，当对方说小苏不是处女时，小苏可以回复："有经验是好事啊，我喜欢这样的自己。"当对方说小苏做事很笨时，小苏可以回应："哦，还有什么想说的吗？"

通过使用"不认同""无视"对方评价的话术，我们可以让对方意识到自己没必要也没权力对其评头论足，也让对方明白：

休想对我进行情感操控！

最后，如果对方在 PUA 这件事情上毫无收敛，导致你们不健康的关系进一步恶化，我们应当勇敢地离开对方。如果我们已经因为 PUA 遭受严重心理创伤，我们还可以寻求心理援助，去获得更专业有效的帮助。

## 拓展问题

### 什么是煤气灯效应？

煤气灯效应概念最早起源于 1938 年的话剧《煤气灯》，该剧讲述了丈夫为了谋取妻子的财产想方设法把妻子逼疯的故事。剧中，妻子看到了煤气灯光一闪一闪的样子，丈夫却一直否认，说她看错了，说这是她的想象。妻子单纯地爱着丈夫，对其深信不疑，久而久之就确信自己真的哪里出了毛病。

所谓煤气灯效应，就是指通过扭曲受害者眼中的真实而对其进行心理操控和洗脑，这也叫作"认知否定"。操纵者长期蓄意、有目的地对受害者灌输虚假、片面的信息，扭曲受害者的认知，长此以往，让受害者最终产生自我怀疑、自我否定，最终达到操控对方的目的。

后来，"煤气灯效应"被广泛用于指代情感虐待，在亲密关系中，我们也应当警惕这种操控。

## 如何预防 PUA？

即便我们还没有觉得自己正遭受 PUA，我们也应该要有能力预防 PUA 的发生，让自己和伴侣养成健康、彼此滋润的亲密关系。

想要预防在我们的亲密关系中发生 PUA，我们要做好两方面的工作。

一方面，我们要在识别 PUA 这件事情上更有敏锐性，一旦发生自己或者对方有意无意地表现出 PUA 的行为时，我们要选择合理的方式进行提醒和调整，避免让两个人发展成 PUA 式的相处方式。

另一方面，我们平时就要注重不断提升自我，在亲密关系中减少对对方的依赖，主动维护自己在亲密关系中应有的权利，让自己成为不容易被 PUA 的人，这样对方的 PUA 行为就不会对我们造成极端影响。

百度百科　词条详解

PUA　　进入词条

## 12

# 婚前同居不得不提的一些事

小芹马上大学毕业了，她最近交了一个男朋友，相处了一段时间，彼此都感觉挺合适的。最近，小芹男友为了实习和将来工作，在校外租了房，因此他对小芹提出了同居的请求。

小芹很犹豫，不知道自己该不该答应男友，毕竟两个人才谈了两个月左右。小芹男友看到小芹犹豫，便指出小芹不够爱自己。可是男友的这些想法也让小芹感到为难。

小芹说："男友说是奔着跟我结婚在一起的，所以希望能有更多相处的机会，更好地培养感情。我担心如果答应他，未来会让自己后悔；不答应的话，我又觉得有些内疚。我到底要不要和男友同居？如果为了结婚去同居有什么需要注意的呢？"

好的爱情需要两个人的真情实意，为彼此的感受考虑，尊重对方的感受和选择。所以，把是否"同居"当作爱与否的评判标准，这是不合理的。

那么婚前要不要同居呢？对这个问题可以有很多不一样的声音。譬如有人觉得结婚才是两个人发生亲密行为的合理条件，没结婚就在一起有点不太好；也有人觉得婚前同居可以让两人尽早了解彼此，培养感情，适应磨合，婚后相处能更加融洽。

和很多人一样，面对不同的声音，小芹感到不知如何抉择，因为她无法预测同居后会发生什么；如果要同居，她也不清楚有什么是需要注意的。

那么，婚前同居对于情侣来说是否有必要呢？

事实上，同居不应该单纯为考量两个人是否适合结婚而存在。我们的想法、性格都可能随着时间的推移而改变，同居期间感觉好并不意味着婚后一切一定会风平浪静；同样的，同居期间如果有一些不太好的感受，但随着双方的相处和磨合，情况也可能得到改善。

所以，同居未必能给我们是否适合与对方结婚给出绝对靠谱的答案。也就是说，单纯为了结婚而去同居，这个理由其实并不充分。

如果小芹要和对方同居，那么一定要有其他的充分理由。小芹至少要弄明白什么是同居，同居可能带给自己什么样的影响，而不是纠结于以此证明自己爱男友，又或者为拒绝而感到内疚。

什么是同居？

顾名思义，同居就是两个人共同居住生活。选择同居的两个人通常有一定的感情基础，也有一定的共同目的，譬如：结婚、陪伴、节省生活成本等。

人们对同居赋予了很多浪漫美好的意义，可事实上，同居其实跟很多人想象的不太一样。即便是两个长时间彼此相爱的人，他们的同居也不一定会一帆风顺。因为每个人的生活习惯、对事物的看法、个人爱好都可能存在差异，爱情常常无法消除这些差异，和最爱的人同居同样面临近距离经历各种矛盾和考验。

很多人在同居过程中无法忍受和对方的差异、矛盾，进而认为对方其实并不爱自己，或者觉得自己变了心。可事实上，同居出现这些情况常常是难以避免的，这并不等同于两个人不相爱。

同居其实只是情侣之间可以共同去做的一件事情，正如共同旅游、一起看电影、一起吃大餐等其他在人们亲密关系中会做的事情一样，同居能带给情侣们共同体验生活的机会，但和婚姻、爱情的好坏没有必然联系。

弄明白同居究竟是怎么一回事，小芹也需要进一步了解同居有什么好处和风险，尤其是全面了解同居对女性的风险，才能更好地去决定要不要和男友同居。

那么，同居对情侣们来说有什么好处？一般来看，同居最大的一个好处是给了情侣们把爱情变得更好的机会！但不是每一对情侣都能把握好这样的机会，为什么这么说呢？

同居可以让我们有更多机会去了解一个人，也能让我们更近距离地观察对方。慢慢地，我们可以逐渐摆脱"光环效应"的影响，看见更多对方身上的缺点和不足。

当彼此互相暴露出更多自身不好的方面，我们可以尝试在同居过程中进行磨合，看看两个人是否能够逐渐接纳更完整的彼此。如果我们能相互接纳更多对方的缺点，我们就更容易和对方产生更真实、更深入的情感连接。也就是说，决定两个人能否更好相处的不是优点，而是对彼此缺点的接纳。同居不只是给我们看见对方缺点的机会，更是给我们彼此磨合、把爱情变得更好的机会。

当然，如果双方根本无法磨合，经常爆发矛盾，也可以在必要的时候结束同居。

那么，对女生来说，同居可能存在什么风险呢？

基于我们的文化和女性的身体特征，年轻女性在同居这件事情上承担的风险要比男性高。

重点要说的风险，是来自于同居可能伴随的性生活中造成的意外怀孕和妇科炎症等。由于生理结构的不同，男性很少有生殖器炎症的烦恼，但对于女性来说，特别是对开启了性生活的女性来说，这方面的风险比男性要高得多。

不过，只要女性做好心理和身体健康方面的保障，就能一定程度上降低这些风险。对于暂时没有生育计划的女性来说，在同居过程中一定要采取适合自己的安全措施，爱护好自己的身体。

还值得一提的是，同居双方也有可能存在对"同居"不同的内涵解释。

很多女人会觉得：一个男人跟我提出同居，就意味着认定了我，要跟我结婚。事实上，很多男人可能只是想以爱的名义和女人住在一起。不少女人在同居后便认为自己把一切都交给了这个男人，如果遇到双方感情出现裂痕、关系陷入僵持甚至断裂，女方可能会觉得自己吃了"大亏"，无法接受现实，陷入痛苦。所以，女性一定要对此做好心理准备：不要觉得同居就是把自己彻底交给了另一个人，同居也不意味着自己和对方的感情有了保障，相反，你们其实需要更多耐心去磨合，去经营当前这段关系。

同居是把双刃剑，它可以让我们受益，同时也需要我们承担风险。如果你选择和爱的人不同居，你们的感情新鲜感可能会维持更久，彼此的矛盾可能更少，但更可怕的暴风雨还在等着你们去经受；如果你选择和爱的人同居，朝夕相处的你们可以更早地经历暴风雨的洗礼，雨后是彩虹还是一片狼藉却无法预知。

但无论如何，小芹在进行选择时，一定要更全面了解同居可能带给自己的风险，再做决定。如果选择了同居，一定要尽量多地掌握降低这些风险的方法，保护好自己的身心健康才是最重要的。

拓展问题

## 为什么很多人选择婚前同居？

婚前同居是现在很多年轻人的选择，那么为什么很多人选择婚前同居？它能让我们收获什么呢？

首先，要明白婚前同居的核心目的是什么。

婚前同居最重要的目的就是判断这个人适不适合结婚。婚姻不是简简单单只需要两个人的爱情，它需要两个人能够吃到一起去，睡到一起去，关乎爱不爱吃香菜、牙膏从中间挤还是从后面挤等等鸡毛蒜皮的琐事。

所以，婚前同居，就是看彼此是否合适、是否能够一起走下去，它提供了一个近距离观察恋人的机会。

不过，近距离观察恋人的时候，你会发现"近处无风景，枕边无美人"。原本你很欣赏喜欢的人，变成了一个平凡甚至满身都是缺点的人，所有的缺点都会一一暴露。

然而决定两个人能否相处融洽的不是各自的优点，而是对彼此缺点的接纳。

所以越来越多的人选择婚前同居，去观察彼此的相处，学会相互理解和支持。

你爱的那个人其实没有优点，也没有缺点，全是特点，正是这些特点将与你共度余生。

# 13
# 关于结婚需要知道的事

　　小蓉正在上研三，即将毕业了，她有些焦虑，因为她上学晚，毕业就 27 岁了，还是单身，而她的很多同学孩子都快上小学了。

　　小蓉说："我现在比较担心结婚的事情，因为担心年纪再大了不好找对象，但是随便找一个也不太甘心，父母也很着急，去年就开始为我安排相亲，但我始终觉得没准备好，不知道毕业后应该如何更好地为结婚做准备。"

结婚是很多人眼中的"人生大事"。对于很多父母而言，他们认为"孩子结婚了，自己的最后一项任务也就完成了"，总恨不得给孩子安排得妥妥当当；而对于未婚人士来说，结婚对他们来说是事关余生幸福的事情，选择必须非常慎重。

和小蓉一样，不少人都对结婚充满期待，同时又感到焦虑不安。其实，选择一段婚姻很难有百分百靠谱的方案，但是，有四件事情可以帮助我们更好地处理结婚这件事，需要我们在结婚前知道。

■ 思考自己为什么要结婚

正如小蓉提到的那样，很多人结婚都是因为"觉得自己到了该结婚的年纪"，担心他人觉得自己年纪大了，在相亲中就没了"市场"。

事实上，关于婚姻只有可以结婚的年龄，而不存在该结婚的年龄。我国的法定婚龄是男性 22 周岁，女性 20 周岁，男性女性到了这个年纪就可以结婚。但是，每个人生活、阅历都有差异，适合结婚的年龄自然也不一样，这是非常正常的。

由于社会对于婚姻存在一定的刻板印象，随着年龄的增加，我们的确会面临更多压力，可是，这些与让自己未来拥有幸福生活相比微不足道。很多人在所谓的"适合结婚的年纪"结了婚，却因为种种问题没有考虑充分而后悔当初的决定，婚后的生活也一地鸡毛。所以，小蓉不必把自己的年龄看作结婚的理由。

除了年龄，很多人也会因为其他压力而轻率地决定一段婚姻。譬如：有人害怕被父母催婚，觉得自己一直不结婚，让父母没面子；被爱情冲昏了头脑，见对方第一眼就很心动，不想错过；因为意外怀孕，不得已和对方结婚……

这些情况都没有真正思考自己为何要选择一段婚姻，很有可能为今后的婚姻生活埋下很多隐患。在考虑结婚前一定要多思考一下自己究竟为何要结婚，毕竟婚后更长的人生是你自己要去面对的。

更好的结婚理由应该是彼此真心喜欢，愿意携手面对接下来的人生。更好的结婚结果是让两个人都能成为更好的自己，也能共同创造两个人和谐相处的新生活。

■ 对婚姻要有期待，也要准备好面对挑战

思考了自己结婚的目的后，就能清楚自己在婚姻中有什么追求。不过，这些追求有些可能是比较容易实现的，有的则是需要一定运气才能做到的。

譬如，有的人觉得结婚就是为了给自己找一个牢固的依靠。可是，事实上婚姻只是让你的正当权益得到法律保障，一个人是否会对你负责，是否给你足够的安全感，并不会因为你们结了婚就有了更多保障。

又如，有些人觉得结婚是一段浪漫、幸福生活的开始。可是，伴侣出轨、夫妻感情不和的情况却在社会中屡见不鲜，让一些人过得痛苦不堪。

我们追求一段牢固、浪漫、幸福的亲密关系，这是人之常情。不幸的是有太多人将这些元素和婚姻捆绑在一起，以为婚姻中的负面事件只是小概率，没有对这些负面事件予以重视和预防，等这些负面事件爆发时常常不知道如何是好。

在进入婚姻前，我们要知道这些挑战是有可能会出现的。拥有一段让人幸福的婚姻，需要一定运气，更需要我们在各方面做好充分准备。

我们应该明白：富有激情、令人愉悦的婚姻令人向往，平平淡淡却是大多数婚姻的常态；婚姻让两个人变成一家人，但只有自己才能给自己最坚实的依靠。

### ■ 婚前要和对方进行全面、深度的了解

一个适合自己的伴侣，才能和自己共同经营好婚姻。找到合适的人不只是要看对方的家庭情况，更重要的是去了解这个可能和你结婚的人究竟是怎样的。了解一个人的过程并没有那么简单，我们需要更长时间的相处，才能充分看见对方身上的优点和缺点。

所以，当我们准备和一个人结婚时，不要急于去推进关系。确立恋爱关系之后，最好经过一段时间的恋爱再共同决定两个人

是否要结婚；其实，确立恋爱关系之前，我们也应该先和对方进行一定时间的约会，如果双方觉得在约会的过程中感觉不错，就可以确立恋爱关系。

在约会－恋爱－结婚这个过程中，我们可以充分了解对方的性格、爱好、家庭、经济等基本情况，也可以找机会去探索对方的三观甚至是性偏好，这些对于我们判断这个人是否能跟自己过日子至关重要。

■ 明白婚后需要经营

找到一个合适的人很重要，但是想要找到一个让自己感觉完美无缺的伴侣，这样的概率确实是非常小。即便我们结婚前认为一个人和自己非常合适，婚后两个人可能依然会有新的差异和矛盾出现。这提示着我们：在对对方有要求和期待的同时，我们也需要给彼此一些磨合的机会。

当我们决定跟一个人结婚后，我们不只要关注自身的需求，还需要面对两个人的世界。我们跟对方可能会有很多共同点，也难免会有一些差异。譬如：两个人成长过程中经历的文化差异，让我们对一件事情可能会有不一样的看法；两个人家乡不同的饮食习惯，让我们对饭菜的口味会有不一样的要求。这些看似鸡毛蒜皮的事情如果没有处理好，就容易对两个人的亲密关系造成影响。

婚后的生活可能会让我们觉得跟对方有太多不合适的地方，所以，结婚前我们就要明白：想要获得幸福的婚姻，我们不仅要找到一个合适的人，还需要学会和对方求同存异，花心思、花时间去经营婚姻，创造出两个人和谐相处的新世界。

## 拓展问题

### 《纽约时报》推荐的 15 个婚前必答题

两个人想要更好地共同生活，结婚前进行良好的沟通是非常重要的。这些沟通的话题非常广泛，从家具怎么摆到彼此的性偏好最好都能涉及。具体应该谈什么？我们也可以参考《纽约时报》登载的婚姻专家列出的 15 个大家在婚前需要交流的关键问题。

1. 我们要不要孩子？如果要，主要由谁来负责养育？

2. 我们家庭的赚钱能力及目标是什么？消费观及储蓄观会不会发生冲突？

3. 我们的家庭如何维持？由谁来掌控可能出现的风险？

4. 我们有没有详尽地交换过双方的疾病史？包括精神上的。

5. 我们父母的态度有没有达到我们的预期？会不会给予足够

的祝福？

6. 我们有没有自然、坦诚地说出自己的性需求、性的偏好及抗拒？

7. 卧室能放电视机吗？

8. 我们真的能倾听对方诉说，并公平对待对方的想法和抱怨吗？

9. 我们清晰地了解对方的精神需求及信仰吗？我们讨论过孩子将来的信仰问题吗？

10. 我们喜欢并尊重对方的朋友吗？

11. 我们能不能看重并尊敬对方的父母？我们有没有考虑到父母可能会干涉我们的关系？

12. 我的家庭最让你心烦的事情是什么？

13. 我们永远不会因为婚姻放弃的东西是什么？

14. 如果我们中的一人需要离开其家族所在地陪同另一个人到外地工作，做得到吗？

15. 我们是不是充满信心面对任何挑战使婚姻一直往前走？

百度百科 词条详解

婚姻 进入词条

Chapter 3

# 拥抱性，健康的性

## 14

# 避孕知识你都了解吗？

几天前，芳芳跟男朋友出去旅游了一趟，但旅游过程中发生了一件令芳芳感到很不开心的事：和男朋友做爱时，男朋友不想戴套，于是芳芳就计算了一下自己的生理期，觉得自己目前处于安全期，就答应了男朋友的请求。

然而旅游回来后，芳芳一直很焦虑，担心自己怀孕，她问："我回来后查了很多信息才了解到安全期风险好像还挺大的，真的是这样吗，无套性爱可以有比较安全的方式吗，现在再吃避孕药还来得及吗？"

假期出门旅行，对于情侣来说是难得的浪漫机会，所以，总有人想抓住这样的机会和最爱的人体验平常没有试过的感官刺激，譬如无套性爱。被爱情冲昏头脑的人，往往都会带着这样的侥幸心理去做危险的事。

要知道，无套性爱造成非意愿妊娠的可能性是非常大的。我们整理了一些人们常用的避孕方式的风险，结果如下：

紧急避孕药的平均失败率：10%—15%；

体外射精的平均失败率：25%—30%；

安全期避孕的平均失败率：20%—30%；

安全套的平均失败率：5%—10%；

短效避孕药的平均失败率在1%—5%。

但是这些数据对于芳芳来说：怀孕了就是100%，没有怀孕就是0，以上仅供参考。

没有人知道芳芳是如何度过这些提心吊胆的日子。说到这里，我们也希望男生在和伴侣发生性爱时能够主动戴套，这是负责任的表现，不要再基于满足自己的私欲去提出伤害女性身体的要求。

我们也希望芳芳只是虚惊一场，吃一堑，长一智，在以后的生活中能更好地保护自己，不再经历这样的煎熬。如果芳芳再次遇到类似的情况，可以双手推开自己的男朋友，拒绝有可能对自己身心造成伤害的行为。毕竟，身体是我们自己的，成年人要学会对自己的选择和行为负责。

通过前面的分析我们可以了解到，芳芳这次旅行过程中的决定是有很高风险的。其实，体外射精、安全期避孕已经不再作为常规避孕方式进行宣传，一方面这两种方式避孕效果差，另一方面我们如今完全有更为科学、有效的避孕措施。

在有可能发生性接触的情况下，有四种避孕方式可以选择，分别是使用安全套、口服避孕药、长效可逆避孕方法 LARC 和结扎（绝育术）。

### ■ 安全套

关于安全套，我们经常强调这样一句话：性爱时要全程正确使用质量合格的安全套。看似简短的一句话，其中每个字都非常关键，有一点没处理好就会增加避孕失败的风险。

安全套避孕的优点就是既能避孕，又能预防性传播感染，是目前较为常见的选择。学会正确使用安全套有助于我们在性爱中提升避孕成功率，佩戴方法需要我们去了解、掌握，有一些安全套的说明书上也会有佩戴方法的介绍。

目前，市面上的安全套主要分为男用和女用两种类型，这些不同类型安全套的材质、用途方面都有一些差异，譬如女用安全套对于橡胶过敏的人来说更加友好，而且也能增加性爱中的安全套保护面积，大家可以根据自己的实际情况选择合适的安全套。

■ 口服药物避孕

口服药物避孕主要分为事前避孕和事后避孕。

需要说明的是，事后避孕药应在事后 72 小时内服用。紧急避孕药其实不是常规避孕方式，而是事后的补救措施。比如没有采用避孕措施或避孕套脱落、破裂后采用的一种补救方式。

目前，国内的事后避孕药的服用建议是"一年服用的次数不超过三次"，但是，如果你不能承担意外怀孕的风险，那么在必要的时候你还是应该服用它，因为紧急避孕药对身体的影响依然会小于人工流产的风险。

需要注意的是，事后避孕药只对上一次性行为有效。举个例子，晚上发生性爱后，服用了紧急避孕药，但你们第二天早上如果依然要继续进行性爱，那这就还需要继续采取避孕措施，否则依然会有怀孕的风险。

还有一点要注意：多次服用紧急避孕药的后果一方面是对女性的身体可能造成一些影响，另一方面也可能降低避孕效果。所以，我们并不建议把紧急避孕药作为常规避孕方式。

真正可常规避孕方式是短效避孕药。现在很多人还是对短效避孕药有误解，认为是药三分毒，觉得可能对身体有影响。事实上，短效避孕药的原理是在我们身体中缓慢释放激素，对身体的影响不大，甚至还能起到调节月经、治疗多囊卵巢的作用。

短效避孕药需要记得按照说明书，在一个周期内每天服用。

■ 长效可逆避孕方法 LARC(Long Acting Reversible Contracep-
tives)

除了上面介绍的避孕方法，避孕效果非常好的长效可逆避
孕法（LARC）也是我们现在非常推荐的避孕方法。它主要包括：
皮下埋植、左炔诺孕酮宫内节育器（LNG-IUS）、宫内节育器
（IUD）、避孕针四种方法。

其中，皮下埋植在欧美国家非常普遍，国内也逐渐开始成为
很多女性的选择。

医务人员会把一根火柴大小的小棒植入女性上臂内侧，它会
向血液中释放孕激素，孕激素会阻止卵巢排卵，同时会使宫颈黏
液变得黏稠，使精子难以穿过。

皮下埋植不影响日常生活，避孕有效率会到达 99%，效果
可以持续 3-5 年。移除植入的小棒，女性也可以尽快恢复生育能
力。相比较短效避孕药，主要的优点是不用担心忘记服药，也不
用计算月经周期。首次皮下埋植可能有点疼，也有可能会感染。

在长效可逆避孕领域，还有一类方法在国内非常普遍，就是
"上环"。上环是指在宫腔内放入一个 T 形的小环。一般认为宫内
节育器是一种安全、有效、简便、经济、可逆的避孕工具。目前

常被使用的节育器有两大类：一类是带铜宫内节育器，比如宫形环、"T"形环、母体乐等；另一类是含药宫内节育器，比如曼月乐（左炔诺孕酮宫内节育系统）等。

宫内节育器的避孕效果也非常好，有效期可达 5-10 年（不同类型的宫内节育器放置时间不同）。

■ 结扎——绝育术

对于很多已有生育的人来说，结扎可以说是一种非常好的避孕方式。所谓结扎就是指男性输精管绝育术或女性输卵管绝育术。

女性输卵管绝育术更复杂，需要进入腹腔，通常是在剖宫产的时候进行。而男性的输精管结扎相对而言是一个非常小的手术，20 分钟内就能完成，费用也相对较低。随着医学技术的发展，这两种原来不可逆的避孕方式，都可以通过复通术而恢复一定的生育能力。

其实，如果在男性或者女性结扎这件事情上来做一个选择，显然男性结扎是对双方都更好的一个选择。但是，由于经济水平、文化差异等原因，每年男性结扎的人数是不到女性的四分之一。

很多男人担心结扎会影响勃起功能或者让自己看起来不够"男人"。事实上，输精管结扎并不会影响男性的睾丸功能和雄性激素分泌，也不会影响性功能。睾丸生精能力不会受到影响，所产生的精子无法随精液排出体外，最后被身体吸收了，从而实现了避孕。

以上介绍的这些方法都是目前效果较好的选择，但是，这个世界上没有什么事情能够 100% 有效，所以我们需要根据自身的情况，选择合适的避孕方式。采用医药手段进行避孕的朋友可以多多咨询妇科医生。

最后，我们还要提醒男性：避孕不是女性一个人的责任，是男女双方共同的责任。主动承担避孕的责任，是一个男人的担当。

百度百科　词条详解

避孕套　　进入词条

## 15

# "菜花"，常见的性传播疾病如何预防？

　　小妮最近在微博上看见一位医生发了一条关于"菜花"实拍的图片，看完后小妮非常焦虑，原来一次性行为的疏忽就能给自己带来这么可怕的后果。因为小妮这半年也跟男友发生过亲密行为，所以小妮非常担心自己也会遭遇不测，最近几天都担心害怕，难以入睡。

　　小妮说："我跟男朋友这半年有过很多次亲密行为，开过几次房，没有做爱，但是有过一次口交①，我会不会感染HPV，长出'菜花'啊？以后应该怎样做才能更好地预防呢？"

---

① 口交：是指一个人用口刺激另一个人的生殖器（无论是男性还是女性）。

小妮的困惑主要有两个：一是担心自己当前的行为会感染HPV；二是对于可能感染感到非常恐惧。

我们首先需要了解一下究竟什么是HPV，"菜花"又是什么。

HPV一般指人乳头瘤病毒，也就是引起我们长"菜花"的病毒。这种"菜花"的学名叫作尖锐湿疣，是一种性传播疾病。主要临床表现就是男女性生殖器周围有菜花状或鸡冠状肉质赘生物，一般表面粗糙、角化。

需要说明的是，不是所有的生殖器上类似的丘疹或者凸起都是尖锐湿疣，还有可能是珍珠疹、假性湿疣或者青春痘长到了生殖器上。

谈到病毒，人类总有一种莫名的恐惧感，却不知道它究竟是怎样影响我们人体。病毒是一种个体微小、必须在活细胞内寄生并以复制方式增殖的有机物种。病毒要生存的话，就必须和寄主细胞共生。对于HPV这种病毒来说，人类是它的唯一宿主，它既喜欢把家安在人体的温暖潮湿处，也能够把家安在皮肤干燥的地方，既可能导致尖锐湿疣，也可能导致寻常疣和扁平疣。

HPV这个大家庭有173种亚型，其中大多数都能够跟人类和平共处。除了能够跟我们和平共处的这些类型之外，大概22个亚型"不老实"，我们把它们归类为高危亚型HPV，说它们不老实，最重要的原因是它们致病性强。

特别"坏"的 HPV 亚型有 HPV16、HPV18，说这两个是"超级大坏蛋"也不为过，因为我们在 70% 患有宫颈癌的患者体内都能找到这两种病毒。

发现这两个"元凶"的德国科学家哈拉尔德·楚尔·豪森，就是因为找到了人类宫颈癌的元凶 HPV 病毒而获得 2008 年诺贝尔医学奖，这一突破也为宫颈癌疫苗的研发打下了坚实基础。

一般坏的 HPV 亚型，我们将其归类为"低危型"，它们分别是 HPV6 和 HPV11，说这两个亚型"坏"的原因是，它们导致了我们前面提到的尖锐湿疣。

在全球的性传播疾病中，HPV 感染约占 20%；在性活跃的成人中，75% 都感染过 HPV。这个数据看起来很吓人，但我们不必感到害怕。

事实上，大部分 HPV 的感染是不需要治疗的，只有在持续性的感染和出现临床症状的情况下，我们才需要进行治疗。换句话说，很多情况下，你和这些 HPV 病毒可以共生，过着互不打扰的生活。

截止到 2004 年，我国尖锐湿疣的发病率占报告性传播疾病（STD）的 20.35%，是我国流行最广泛的性传播疾病之一。

那么小妮的行为是否会感染 HPV 呢？

首先，要知道，感染 HPV 和长出尖锐湿疣不是一件事。口交是一种性行为，任何性行为都有感染病毒的风险，而 HPV 这种病毒本身更是防不胜防，所以通过口交的行为感染 HPV 是有可能的。

既然有传播 HPV 的风险，那么口交当然也有可能导致尖锐湿疣，其中在口腔发生的尖锐湿疣多与口交等性行为相关。当然，口腔 HPV 感染的危害不只是尖锐湿疣，高危亚型还会引起咽喉癌，其中就有美国影星迈克尔·道格拉斯自己分析口交引起咽喉癌的例子。

关于口交是否会导致尖锐湿疣，我国一些医学专家给出过不少专业回答，譬如首都医科大学刘彦春教授提出："尖锐湿疣是 HPV 感染导致的，是一种皮肤密切接触就可以传播的疾病，如果生殖器有尖锐湿疣，当口腔黏膜与 HPV 接触的时候，就造成了传播的可能。但同时口腔有一定的自洁环境，所以临床上长出疣体的病例并不多见。我不希望这是一个话题，也不希望这个话题引起不必要的恐慌。"

在开展有关性传播疾病预防相关的性教育工作时，我们非常注重"消除病耻感和恐慌的心态"。只有更多人能够用积极的心态去面对它，才不会继续造成人们因为羞耻而不敢去看病、寻找错误渠道治疗的问题。我们也首先希望小妮恐惧和害怕的情绪能够得到安抚和缓解，在这个基础上再进一步探讨应该如何应对感染的风险。

即便小妮知道了口交有感染 HPV 的风险，小妮依然不必感到害怕。如今，很多人都清晰地意识到：对于病毒，对于疾病，我们既不能掉以轻心也不能毫无准备、无知无畏。正确的做法是"认识它，了解它，掌握它，预防它，治疗它"。

## 拓展问题

### 除了 HPV，常见的 STIs 还有什么？

STIs 意思是性传播感染（sexually transmitted infection），在学术定义上，它不等同于我们常说的"性病"（STDs），主要强调通过性接触造成的一些感染，这种感染的状态不一定就是出现"病症"的状态。

也就是说性病通常是由性传播感染引起，性传播感染并不会一定造成性病出现。不过，在生活中我们一般没有刻意做这样的区分，而是普遍使用"性病"这个词语。

STIs 是指通过性接触在人与人之间传播的病原体，目前这些病原体至少已有 25 种。

主要分为：

- 细菌性且可治愈的，如衣原体病和淋病，还包括尿道炎和梅毒；

- 病毒性STI（不可治愈，可以治疗），如疱疹、生殖器疣（HPV）和HIV；

- 阴道炎；

- 外寄生物感染，如疥疮和阴虱；

- 其他STIs。

**有关 STIs 的检查非常重要**

我们不会因为感冒而在工作、学校或聚会上感到尴尬，同样，我们也不应该因为感染了性传播疾病而感到羞愧。所以，面对这个话题，我们首先不要感到羞耻。

如果我们的性生活相对活跃，那我们就会有STIs发生的风险，这种情况下就有必要定期接受检测。如果我们的检查结果呈阳性，就应该接受治疗并通知自己的伴侣也接受检测和治疗。这样做既是对我们自己负责，也是对他人负责。

性传播感染其实很常见，患有性传播感染疾病的人也不在少数。并且，许多性传播感染是无症状的，也就是说，如果我们已经感染了，我们很有可能察觉不到。这也并不是我们的错，因为性传播感染的范围很广，所以，定期检查对所有人来说都很重要。

如果我们不能百分百确定伴侣的健康状态，但是跟伴侣的性生活又很活跃，那么你至少应该每年做一次检查。如果我们有过多个伴侣，那检查的次数也需要相应增加。

只要我们了解自己性生活模式可能会带来的风险，并且定期进行性病检查、采取预防措施，这样我们才能安然享受性生活带来的愉悦。

# 16

## 不得不聊的男男性行为风险

小龙是一名男同性恋，他最近遇到一个困扰：男友要求和他出去开房，但他感到有些担心，不愿意答应男友的这个要求，男友因此觉得小龙不是真的爱他。

小龙说："因为我看到很多新闻说男同性恋者之间容易感染艾滋病毒，我很怕自己也感染，所以两次恋爱过程中我始终没有跟对方开过房，我一直没准备好，所以对方都觉得我不是真的爱他们，我也很矛盾，如果用了安全套是不是就真的不会有问题了？"

由于性教育不够普及，以往社会上很多新闻容易传递给人们一个错误的信息：男男性行为＝高风险行为，男同性恋＝高危人群。这样的信息其实是不准确的，也容易给一些人带来不必要的焦虑和痛苦。

小龙首先要认识到这样一个信息：某个行为是否与风险，这与人们的性倾向、性别并没有必然联系，而是由这个行为本身决定的。

那些造成我们性健康风险的病毒、细菌并没有思辨能力，它不可能去识别你喜欢做什么事情、你们是同性还是异性。不管是异性还是同性之间，只要选择了不安全的行为，那么就会有一定性传播感染的风险。

所以小龙首先需要纠正自己的错误认知，消除自己内心的焦虑，才能正确找到科学有效的方法去处理好自己在性行为中可能存在的风险。

首先，我们要明白一点：任何行为方式都不存在绝对风险或者绝对没风险。即便是同一种性行为方式，也可能因为发生性行为的人、环境、过程的变化而风险高低不一。

那么，从预防艾滋病病毒感染的角度来说，我们需要进一步明白，不管你选择什么样的行为方式，只要满足了艾滋病病毒传播的条件，那么你就会感染艾滋病病毒。

艾滋病病毒的传播条件有哪些呢?

我们在中学都学过艾滋病预防的"5331"原则,所谓5331是指:五种病毒含量较高并且具有传播性的体液(血液、精液、阴道分泌物、乳汁、伤口渗出液),三种可以导致病毒传播的途径(性传播、血液传播、母婴传播),三种病毒传播发生的条件(病毒的数量、病毒的质量、体液交换),以及一种常用的预防方式(在性行为中坚持全程正确使用质量合格的安全套)。

然而,在性爱过程中,三种病毒传播发生的条件是否满足,这并不是我们能够判断的。

对方是不是感染者?假如对方是感染者,他的病毒质量如何?假如我们和对方发生性行为,这个过程中究竟有没有体液交换?这些都不是我们能判断的。那么在这种情况下,我们去纠结自己的某次性爱是否会感染艾滋病毒,或者说感染的概率有多大,是毫无意义的。

即便我们在性爱过程中全程正确使用了质量合格的安全套,从科学角度讲也不能百分之百确保安全。更何况错误的操作、安全套质量的问题等其他因素都可能造成未知的风险,即便这些风险看似可能性很低。

反过来,当我们在没有使用安全套的情况下和一位感染者发生关系,并且在这个过程中有体液交换,但是对方因为良好的治疗，体内的病毒载量极低，这也不符合病毒传播的条件。这种行为看似不安全，但实际上却比使用安全套和病毒载量很高的感染者发生性爱更安全。

那么该如何降低感染艾滋病的风险呢？

■ 尽量避免体液交换

对方是否为感染者？对方病毒载量有多高？当这些问题我们没办法获得准确答案时，我们能做的就是尽量避免体液交换。

爱抚、互相手爱等方式都是可以避免体液交换的。如果是发生插入式性行为，正确使用安全套是尽量避免体液交换的最好方式。所以，我们对于安全套的使用要重视，并且要提前学习如何正确使用安全套。

如果两个人之间有了足够的了解，想要考虑不使用安全套，必须满足以下条件：双方交往达到 3 个月以上，并且在这期间双方都没有与他人有性接触，在这个前提下，两人一起进行 HIV 检测，结果均为阴性。

如果不能满足这样的条件，不建议轻易尝试无套性行为。

■ 定期进行 HIV 检测

我们是否感染 HIV？这个答案这只能够通过进行检测发现。对于有暴露于 HIV 风险的情况，我们必须重视进行 HIV 检测。进行 HIV 检测有两点非常重要：定期检测和不建议自行检测。

当我们进行一次检测发现是阴性，此时我们不能判定自己没有感染 HIV，因为当体内病毒载量极低时的确可能检测不出来。所以，只有定期多次检测才能了解到自己在不同阶段的健康情况。

由于缺乏经验、操作不规范，或者购买到假的检测试剂，很多人经验不足，在进行自我检测时无法得到准确的检测结果。为避免给自己和他人带来不必要的烦恼，我们还是建议大家去专业机构进行检测。

■ 了解暴露前和暴露后的预防

口服阻断 HIV 感染的药物目前已成为很多国家防艾工作的重要手段之一。对于某些群体来说，性生活前服用抗病毒药物可以降低感染风险，这种方法叫作暴露前预防（PrEP）；当我们因为某些原因暴露于 HIV 病毒后，我们可以服用相应抗病毒药物阻断病毒复制，从而预防感染，这种方法叫作暴露后预防（PEP）。

PrEP 与 PEP 都有很多注意事项需要了解，如果选择这些方式，必须严格按照要求服用相应药物。目前，PEP 在我国已经得到推广和应用，不过，我们依然需要提醒：即使选择了PEP，感染风险也不会绝对为零，切不可"高枕无忧"放弃 HIV检测。

最后，我们希望小龙在了解以上信息的同时也要克服自己内心的焦虑，只要在性行为过程中采取了正确的预防方式，我们就能有效预防艾滋病病毒感染。

百度百科　词条详解

安全性行为　进入词条

# 17

## 网络上的性安全，如何做好隐私保护？

小苑最近爱上了玩交友软件并且认识了不少朋友，有一位男生让她非常心动：长得帅，也很有生活品位。小苑和这位男生加了微信，两人保持着热络的联系，每天也会互相说"早安"。

小苑觉得自己跟这位男生有情侣的感觉了，特别想和这位男生见面。但是，因为一些特殊原因，两人暂时无法相见，于是，两人只好通过视频的方式进一步认识。后来有一天，男生要求小苑发几张大尺度的照片，小苑对此感到很矛盾，她也想和这位男生互换私密照片，但又觉得这种事情太过羞耻，同时又觉得自己的确很喜欢这位男生，也想满足他的愿望。

小苑不知道该怎么办，希望能够得到帮助。

小苑困惑的问题是"要不要给这位男生发私密照片",造成她这种困惑的原因有三个：觉得羞耻，网络社交让小苑没安全感，小苑的确很喜欢这位男生。

解决小苑这个困惑的重点并不在于"够不够喜欢"，而是在于"如何在网络涉性交往过程中保护好自己的安全"。

首先，小苑应该意识到自己是在进行"网络涉性交往"。从广义上来说，涉性交往包括谈恋爱、约会、性行为等，我们通常还会用到一个词——网络性爱（cybersex）。网络性爱指借助于互联网来满足性需求的活动，这样的活动不仅限于与他人的互动，也包括在网上接受性的信息来进行自慰，所以形式和内容都是多种多样的，对感官的刺激强度也不尽相同。

与现实中的涉性交往一样，网络涉性交往可以让我们满足自己生理、心理层面的需要。但是，网络涉性交往也有一些特殊之处。

网络让我们突破了空间的限制，从而能够更简便易行地和亲密对象进行互动。并且，网络的虚拟性、可隐藏身份等特点让我们更敢于突破一些现实社会规则的限制，去做很多现实中我们想做但不敢做的事情，无需担心他人的眼光和评价。

从这一角度来说，网络涉性交往一定程度上的确可以让我们有更好的办法舒缓性紧张，获得愉悦感。

但是，网络涉性交往的风险也同样需要被我们重视。网络能够让人们的一切行为都留下痕迹，让我们的隐私面临较大的被泄露的风险。同时，网络的虚拟性让一切网络上的人和事真假难辨，让我们面临更大的上当受骗的风险。

性作为被大多数人视作"最隐私"的事情，也是最容易出现"安全事故"的领域，各种网络性暴力、性勒索在如今的生活中频频发生，这些与性相关的"安全事故"也常常对人们身心造成难以修复的伤害。

出于对自己和他人"性安全"的考虑，在和这位男生进行各种互动的过程中，或者以后涉及其他网络涉性交往的过程中，小苑应该注意以下五点方法和原则。

（1）保护好自己私人信息，不要轻易泄露自己的真实姓名、住址、身份证号、电话号码、家庭成员等信息，避免被居心不良者利用。

（2）不做违法的事，譬如多人进行网络性爱，利用伴侣或者网友的网络性爱素材胁迫其与自己发生性行为、复合关系甚至敲诈勒索等，这些行为已经触碰了法律的红线。

（3）尽量不在网络上给他人发送私密图片或视频，即便和恋爱对象进行这些活动，也要尽量避免露出面部等其他能识别出个人身份的部位，避免因对方被盗号、设备丢失等原因造成隐私泄露。

（4）不要将和伴侣互动过程中的隐私信息如图片、视频等保存下来，也不要将这些素材转发给其他人，尊重、保护他人隐私。同时，如果我们将自己的这些素材发给了对方，也要和对方强调这几点要求。

（5）从广义上来说，我们在网络涉性交往过程中也要保护好自己心理层面的"性安全"。譬如我们要避免沉迷于网络性爱，因为网络性爱相对简单、容易获得，能及时满足我们的性需要，以及人际交互的需要，容易让人沉迷于其中，忘掉现实的生活。毕竟现实的性爱需要我们更多的交流沟通、接纳和认可，这些能力我们在网络互动过程中无法获得并良好发展。过度沉迷于网络涉性交往，不仅可能影响人们的正常工作和生活，还可能限制我们在现实生活中和他人建立高质量亲密关系的能力。

对于小苑来说，明白上面这些关于"网络涉性交往"的知识和原则是非常有必要的。同时，小苑还需要明白，网络社交可以增加我们人际交往的机会，是我们可以选择的一种人际交往方式，但它跟现实中的人际交往还是有着很大的差别，我们的人际交往最终必须回归到现实生活，这样才能更加真实、全面地了解他人，才能让我们发展出更健康的人际交往能力。

## 如何看待网络性爱？

人类满足性欲望的一个重要前提就是获得有效的性刺激，从古至今，视、听觉和性幻想一直都是最能激起人们性反应的性刺激。如今的智能化时代，网络世界里的各类性信息依然是注重视听的双重刺激，层出不穷的软色情，给人无限的想象空间。

尽管网络审查严之又严，各类的性信息在网络上依旧存在，通过直播、网聊、短视频等接触过这些擦边内容的年轻人并不在少数。

与文字和图片的"文爱"相比，音频与视频类的性刺激让社交中的网络性爱变得距离更近，带来的性刺激也更加强烈，更容易让人心潮澎湃。

网络性爱相比于现实性爱具有更直接、更及时的特点，让人们有条件立即获得性满足。

网络性爱也帮助一些特殊人群避免了在现实中进行性活动会遇到的麻烦，让一些不寻常的"性幻想"变得可行。

从这种意义上讲，网络性爱倒不失为一种相对安全的性行为。通常情况下网络性爱活动中的参与者不会有肢体接触，也规避了感染性传播疾病和意外怀孕的风险，从健康层面来说，这无疑是一种能够满足性欲望的安全性行为。

网络性爱的参与者可以很好地隐藏自己的身份，但这也增加了性欺骗发生的风险。随着数字科技的飞速发展，基于网络进行文字、音频乃至视频性爱时，参与方能在头像、声音甚至视频上进行伪装，骗取他人进行网络性爱，进而也让被骗者更容易遭受到基于网络实施的各类性暴力。

网络性爱的便利性让参与者容易"成瘾"，参与者一旦不加控制，沉迷于在虚拟世界寻求性满足不能自拔，必将影响其在现实生活中的精神状态，甚至可能影响其在现实生活中和伴侣的亲密关系及性爱体验。

百度百科　词条详解

性幻想　进入词条

## 18

# 面对性骚扰，勇敢说不！

一天，小馨在回学校的公交车上遇到了一件让她感到十分恶心的事情。

小馨说："当时公交车上人非常多，我时不时感觉到大腿被什么硬硬的东西蹭来蹭去，一开始我以为是谁的包包，后来看了一下才发现是一个男的站在我后面，他下面时不时碰到了我。我当时感觉非常恶心，也很气愤，但又找不到证据，又怕是自己想多了，但我感觉那个男的是故意的，这算性骚扰吗？当时真的不知道怎么办才好，以后遇到这种事情又该怎么办呢？"

了解性骚扰所具备的特征，能够帮助我们去判断遭遇的行为究竟是不是性骚扰。通常，性骚扰具有以下三个特征：（1）骚扰者的行为违背了被骚扰者的主观意愿，被骚扰者的感受是不舒服的、反感的；（2）骚扰者是有意识去这么做的，带有性目的，并且知道自己的这种行为是违背被骚扰者主观意愿的；（3）骚扰者有骚扰的行为（肢体、语言等），或者间接施压让被骚扰者进行违背其意愿的行为。

　　小馨的这种情况是不是被性骚扰了呢？从小馨本人的反应来看，她感受到非常不舒服，感觉很恶心，所以很明显，公交车上这个男人的行为违背了小馨的意愿。同时，这个男人也的确有跟小馨肢体接触的行为。那么这个男人的行为是不是有意识的？是不是带有性目的的？正如小馨自己说的那样：找不到证据。

　　在这种情况下，小馨该怎么办呢？其实这个问题首先要考虑的并不是去判定对方的行为是不是性骚扰，而是应该首先关注到自己的感受，并采取措施反馈自己的感受。

　　小馨可以通过合理的方式表达出自己的感受，并且要让对方意识到。譬如，可以通过眼神告诉对方：我察觉到你的行为了，我感到不舒服。也可以通过换个方向、挪动一下位置等方式告诉对方：我不想和你靠这么近，我感到不舒服。

　　这些行为都不难让对方察觉到我们的反馈，进而让对方调整自己的行为，停止继续当前的行为。如果对方在小馨做出这些举动后依然持续之前的行为，这就说明对方有"故意这样做"的嫌疑，这时应当直接告诉对方："你碰到我了，这让我很不舒服，请你不要这样了。"

如果对方继续实施骚扰，小馨一定不要沉默，勇敢地大声呵斥对方。公交车上有很多乘客，他们都可以为小馨提供支持，小馨也可以向乘务员寻求帮助。同时，小馨要记得找到、保存好对方性骚扰的证据，以便后续报警使用。公交车上的其他乘客都可以为此作证，大多数公交车上也有监控摄像头，监控视频同样可以作为对方性骚扰的证据。

所以，不管对方当前的行为是不是可以被判定为性骚扰，小馨首先应该想办法让对方停下当前的行为，或者让自己远离对方的这种行为。如果有证据证明对方是在实施性骚扰，不要害怕，更不要羞愧，要勇敢地呵斥对方并保留好证据。

## 拓展问题

### 性暴力的形式

性暴力是暴力的一种，它可以是有肢体接触的，譬如咸猪手、殴打、强奸，这些都是我们有所耳闻的性暴力形式。除了这些，还有一些性暴力的形式是没有肢体接触的，但是依然会违背我们的意愿、对我们的身心造成伤害，譬如语言骚扰、精神操控、恶意疏远等。

## 性暴力发生的原因

有人可能觉得是人们性欲作祟才导致性暴力的发生，可事实上，性暴力并不全是基于满足性欲的需求。

权力的不对等便可能促使暴力的发生。譬如强奸、咸猪手等形式的性暴力，往往不是因为某个人没有办法控制自己的性欲，而是因为他们认为自己在权力上处于更优势的地位，不用再控制。

权力的不对等体现在不同性别之间，也体现在职场中不同管理阶层之间。譬如，婚内男人逼迫女性顺从自己发生性行为，领导骚扰下属，这里面都有"权力"的因素。一些男人觉得妻子嫁给了自己，便成了自己的私有物品，就有义务随时满足自己；领导因为有命令和分配下属的权力，便借此权力骚扰下属，在权力上处于绝对弱势的下属常常选择忍气吞声。

生活中的很多相关案例，都能说明性暴力的发生实际上也跟我们的身体力量、社会地位、权力有很大关系。

除此之外，性暴力的发生有时候也跟性别刻板印象有关。譬如一个非常温柔细腻的男孩，他可能在校园里遭受到其他男孩的欺凌，而欺凌的借口可能只是"他不那么阳刚"。性别刻板印象让人们对男性女性形成了固定、单一的看法，认为不一样的情况便是不正常的，从而产生歧视和暴力。

因此，我们要明白推进性别平等对预防性暴力的发生具有非常积极的意义。同时，我们也需要通过立法保护在身体力量、权力处于劣势的弱者，限制性暴力的发生。

## 我们应该如何面对性暴力？

1. 受到性暴力后，我们不要做沉默者，这里不仅强调面对自己遭遇的性暴力不要选择沉默，也强调在他人遭遇性暴力时也不要选择沉默，这样才能让施暴者不会继续明目张胆、胡作非为。不过这里要注意一点，有些情况下，受害者可能还没准备好公开自己遭受到性暴力，这时我们不要轻易将受害者的受害经历随意公开，否则可能对受害者造成又一次精神层面的伤害。这种情况下要用更合理的方式为受害者声援，譬如在保护好受害者隐私的情况下报警，留存性暴力证据。

2. 当一个人遭遇了强奸、性骚扰之后，可能因此遭受到人们的议论与评价，人们可能产生同情，也有人可能就此议论，这些议论会让受害者感到被孤立，进而承受更大的精神压力。此时受害者需要的是陪伴，我们也应该向这些议论与评价说不，为受害者创造更好的生活环境，提供更多支持。

3. 在遭遇性暴力之后，我们应该主动寻求更多支持，人是社会性动物，遇到困难我们需要他人的帮助，这些帮助包括给自己精神层面的陪伴与鼓励、帮助自己离开暴力环境、帮助自己共同对抗施暴者等。

4. 要离开暴力环境，如果我们在一个家庭里、职场里长期遭受语言、肢体的暴力，让你感到痛苦，并且我们也没有任何能力去应对，这时我们就要努力想办法离开这样的环境，不要因为一些执念而选择让自己承受不该有的痛苦。

5. 必要时，受害者可以寻求一些更专业的机构为自己应对性暴力提供帮助。如今社会上有一些专门为性暴力受害者提供帮助的机构，他们可以为我们提供更专业可靠的帮助。

百度百科　词条详解

猽亵罪　进入词条

## 19

# 看色情片是不是有害健康？

　　小龙最近在网上刷到了一些关于"色情片影响人们健康"的信息，于是，小龙感到非常紧张，因为他觉得自己的情况和这些内容描述得很像，担心自己也出现这些问题。

　　小龙找到心理中心的老师问："我总是会趁一个人独处的时候下载非常多的小电影，有时候也会提前准备好下载链接，上课时也偷偷下载，然后等有机会的时候就会自己看，基本上每天都要通过看小电影来自慰，没有小电影自慰也没了乐趣，我这种情况正常吗，会影响我的健康吗？"

小龙担心的问题主要是自己的健康受到影响，这可能主要是因为他在网上刷到了相关的信息。与此同时，我们发现小龙对看小电影这件事情其实也感到很矛盾：不看不舒服，看了又怕影响健康。

那么小电影也就是色情电影、A片，对我们的健康究竟有没有影响？我们该如何看待小电影呢？

色情电影在我国是明令禁止传播的，主要原因便是为了避免色情电影带来的诸多负面影响。

这些负面的影响基本上有四个方面。

■ 接收到错误的知识，养成不正确的性爱观

为了追求更强的视听刺激感，很多色情电影的情节、性爱流程、性爱方式都是脱离现实的。

譬如一些色情电影开篇便是"直入主题"，男女主角没有任何的沟通便默契地开始做爱，并且双方进入状态都很快，也没有任何不舒服的感觉。而事实上，无论是哪一方想开始性爱，都应该先用合理的方式与伴侣沟通，这些沟通包括要不要做，怎么做，什么时候要停下来等等，这些沟通征得伴侣的同意后，两个人才能真正开启和谐的性爱。

又例如，有些色情电影会把女生说"不要"刻画成一种撒娇，让人们认为女生是通过这种方式表达舒服、被征服、还想要

的感受。可事实上，并不是所有女生都是这样理解的。在现实的性爱中，很多时候女生感到不舒服、恐惧等负面体验时就会表达拒绝，而男生却可能因为看了色情电影而把女生的拒绝解读为"女生不是真的拒绝，而是很想要"，很多性伤害就是这样造成的。

此外，男生只要大就会让女性喜欢，男生只要持久就会让女性感到满意，这些信息都是色情电影里传递出的错误信息。在错误信息的影响下，人们在现实中的性爱就会遇到更多困难，伴侣间也容易产生更多性焦虑。

■ **养成单一化的性满足习惯，导致出现性障碍**

很多色情电影中都会对性爱的场景、流程、方式进行设置，并且大多数色情电影的这些设置都是比较固定的。当人们长期观看这样的色情电影，就会慢慢地养成一种性满足的习惯：必须是这种色情电影里的场景、流程、方式才能让自己有感觉，一旦换一种场景或者换一种方式，就很难有性唤起和性高潮。

同时，人们在观看色情电影这件事情上是可以"自主选择"的，所以大多数人都会去选择让自己"最有感觉"的那一类电影；当他们遇到"性唤起、性高潮"困难的时候，他们也常常会找到自己需要的色情片来给自己增强刺激。于是，这就强化了人们对某一类色情片中场景、流程和方式等情节的依赖，强化了这种"性满足习惯"。于是，来到现实生活里，他们就很难对生活中其他的场景、性爱流程、性爱对象产生性唤起，更难以达到性高潮。

■ **增加性唤起、性高潮的阈值**

相信大家有过这样的经历：年少时看到性感的图片就会心跳加速，后来看到真人的身体也未必会有感觉，这就是由于我们的性唤起阈值升高了。性唤起的阈值之所以会升高，原因是我们接受到了越来越多的性刺激，频繁地驱动性欲并获得快感，这时，大脑的这种奖赏机制便会被削弱，让再次经历这种刺激时的性兴奋降低，性唤起就变得更困难。遇到这种情况，人们往往就需要更强烈的性刺激才能重新激活大脑的这种奖赏机制。毫无疑问，过于频繁地观看色情电影会加速这种情况的出现，甚至让情况变得更糟。

■ **发展出成瘾行为，影响正常的工作和生活**

色情电影可以带给我们快乐的感觉，令我们的中枢系统不断释放出多巴胺，激励着我们继续去重复这一行为来满足自己的需要。当这样的过程失去控制，占据了我们大部分生活，我们的生活和工作就会受到影响，甚至没办法正常进行，这时，色情电影就成了我们精神世界的"鸦片"。

性爱离不开色情电影和生活离不开色情电影是两码事，毕竟前者的情况只是影响了我们的性爱，后者的情况则已经影响了我们的正常生活，给我们的身心健康造成威胁。

关于色情电影，小龙应该了解以上信息，尽量避免对自己的性习惯和生活造成一些负面的影响。小龙也不必对于自己的情况过于焦虑，慢慢调整自己看色情片的频率，减少自慰对色情电影的依赖，就能避免上述可能出现的一些问题。

拓展问题

如何应对色情电影的负面影响？

首先，如果看色情电影已经到了"成瘾"的地步，这种情况下需要寻求专业人士的帮助。

其次，如果因为看色情电影导致了一些问题出现，但并不属于成瘾的情况，这种情况下可以尝试进行一些自我"恢复"。

一般情况，戒除对色情电影的依赖6-12周就可以逐渐恢复正常的性爱模式。

如果想减少对色情电影的依赖，可以尝试以下这些方式：

1. 不用完全抵触色情电影，可以当作接纳和满足自己的性欲的一种方式，但是要把色电影占据的时间和精力合理化；

2.转移注意力，把精力转向交友、健身等其他有趣的事情；

3.注重享受性爱中和伴侣的前戏、互动，不依赖小电影助性或增强快感；

4.拒绝将色情电影作为舒缓生活压力的方式。

作为大多数人的性启蒙方式，色情电影给我们的性生活增添了很多刺激，但同时也的确对不少人的性爱方式形成了一定的束缚。造成这种局面的原因主要是因为科学的性教育太过缺失，人们在生活中没有办法接触到真正有助于我们性健康和性愉悦的信息。

面对这种局面，我们不能再把色情电影当作教学片去观赏，更不要过多依赖它在性爱或者自慰时给我们的快感。除此之外，我们也应该给自己更多机会去接受科学的性教育，譬如选择加入性教育线上或线下社群，学习一些性教育的课程，阅读一些性教育的书籍等。接触更多有效、真实的信息，这样才能让我们更好地驾驭好自己的欲望，也能以更健康的心态、更好的状态面对现在或未来的伴侣和性爱。

# Chapter 4

# 性是怎么一回事

# 20

# 性欲很强怎么办？

冰雪初融，春暖花开，又到了动物们交配的季节。童老师正准备结束一天繁忙的工作，正要下班，接到了小东递过来的纸条，他涨红着脸，马上逃离了童老师的视野，还嘱咐童老师："您明天再看，抽空回复我一下。"

童老师笑了。他缓缓打开对折的纸条：

"童老师，有件事很羞耻但我真没有别的地方可以求助，我希望您帮我看看我是不是不正常，我发现我在上课的时候下面会硬，不自主地硬起来，虽然我从青春期开始就有这种现象，但怎么感觉这几天性欲异常旺盛。上课有反应，只要能把自己拉回课堂，跟着老师的思维就好了。可是到了晚上，一个人躺在床上，刷刷手机，然后……童老师，你懂的！

"那种想法和欲望特别强烈！根本无法控制，每次'那个'完之后都有些后悔和自责，感觉自己欲望太强。请问童老师，这样正常吗？有什么办法能克制性欲吗？"

看完留言，童老师嘴角露出一副诡异的笑容。他内心感叹：年轻真好。

在聊小东这个情况之前，需要特别做一个说明，男性的生殖器勃起有时候也可能跟性欲没有直接关系。男性在缺氧的情况下也可能会勃起，这不代表性欲强，只是一种生理应激反应，比如趴着睡觉、在拥挤的密闭车厢内、在人员拥挤的电梯中都可能勃起，这常常都是因为缺氧导致的。

不过，像小东提到的性欲太强倒确实是年轻人常见的困扰。那么我们该如何面对性欲呢？

性欲是指，激发性行为的心理－生理因素，是人们与生俱来的向往满足机体需要的一种本能冲动，是生物在进化过程中形成而由遗传固定下来的，但又与社会环境、文化传统、生活习惯、宗教信仰等密切相关。

通常男性的性欲在雄性激素的作用下，在青春期的中后期就达到人生的顶峰，在 35-40 岁左右开始下降；而女性的性欲在激素和文化背景的双重作用下会在 30 岁左右达到顶峰。

食色性也，性欲是人类的一种正常生理表现，性欲的缺乏也可能提示身心处在不健康、不愉快或者压力过大的境况。人们的性欲主要与生理因素特别是激素的分泌有关，同时又和心理因素，环境，压力等因素有关。比如男性有的时候比较闲，在没有专注目标的情况下会比较容易产生性欲，这就是饱暖思淫欲。又比如女性的性欲会受到月经周期的影响，有些女性在经期前后有比较强烈的欲望，有些女性则在排卵期有比较强的欲望。

像小东这样在人生的这个阶段性欲比较旺盛，其实也是一种生命力的变现。心理学中精神动力学会把人类的性欲升华为我们人类对科学、艺术、美的追求。有性欲并不可怕，可怕的是不知道如何处理和应对。

对于年轻人来说，强烈的性欲也可能在提示你应该勇敢去建立和发展亲密关系，性欲并非洪水猛兽，我们需要驾驭它，无论是男性还是女性都会有性欲。日本女性主义学家、性社会学教授上野千鹤子曾写道："我的性欲很纯洁不容玷污。"作为一个人有性欲是常态，没有性欲才是反常。像小东那样想完全扼杀性欲是很难的，也是不现实的。

接纳自己的欲望，做自己身体的主人，当有欲望来临的时候，你可以用健康安全合理的方式自我满足，你也可以选择转移注意力，比如去运动，去学习，去做具体事，去爱具体的人，把自己的欲望升华成人生的智慧和体验。

## 是不是男性的性欲强，女性的性欲弱？

很多人都认为男性性欲强、女性性欲弱，其实这种说法并没有科学依据。这样说的一个依凭是从进化论的角度，认为男性会更主动想要繁衍下一代，他们的欲望便更强，而女性要花更多的精力去育儿，所以性欲相对较低。除此之外，这也跟文化中的对男性与女性的要求和标准不同有关。比如一些文化中对男性的性欲持鼓励和支持的态度，比如三妻四妾；对于女性的性欲一般持否定和压制的态度，比如形容一个女性风骚或者进行"荡妇羞辱"，这些便是在一定程度上对女性的性欲进行打压。

所以，男人的性欲强，女人的性欲弱是一种刻板印象，这种说法并不利于两性关系的发展。性欲的强弱要放在具体的人和具体的情景下去判断，性欲的强弱跟年龄、态度、价值观和生活状态息息相关，而且性欲强弱的比较本身没有价值，我们应当更加关注两个人的性欲是否可以匹配。

## 和伴侣出现性欲不匹配怎么办？

在两性的相处中，出现性欲不匹配其实很正常。与人类的食欲不同，人类的性欲具有隐秘和羞耻的特点，有的时候我们无法意识到自己的欲望，有的时候欲望还需要调动，有的时候又有比较强烈的欲望。

在生活中两个人的节奏、生活方式不同，性欲也可能不同，所以会出现性欲不同步、不匹配的情况。面对这种情况，最重要的是做好沟通，相互理解并达成一致的意见。比如你们可以非常直观地做一个欲望评分，比如满分 10 分是很想做爱，0 分是完全不想做爱，你可以问问伴侣，现在是几分，反过来自己是几分，看看如何做才能协调一致。要是大家都没有欲望，就休息；如果大家都有比较高的想法，那就可以往前推进。

所以性欲不匹配、不同步并不可怕，可怕的是我们不会、不敢在两性关系中去沟通和表达我们的需求，不知道如何去满足和协调我们和伴侣的需求。

## 有性反应是不是起性欲了？

我们常常有一个误区，认为有生理反应就是起性欲了。比如我们错误地认为，男性如果勃起了，就是他们想要性生活了；女性的私处湿润了，表示她们有性冲动了，其实在我们实际生活中并非如此，这并不科学。

男性可能出现晨勃，或者缺氧条件下勃起；女性也可能因为到了排卵期，或者生理性的自我保护而产生分泌物，这些状态都是生理性的。而性欲，是一种由大脑主导的身体和心理的一系列反应。性欲和性反应有的时候协同，有的时候并不同步。比如，一些非常焦虑的男性，他们可能内心很想要发生性行为，但是无法勃起，或者因为焦虑而使勃起状态受到一定程度的抑制。

总之有性欲不一定有性反应，有性反应也不一定是有了性欲。在两性交往中，我们一定要明确得到对方的同意，确定对方是否愿意跟我们进一步性接触，之后才能发生性行为，而一定不是通过性反应去判断对方有无欲望，而变质为强迫发生性关系。

百度百科　词条详解

性欲 进入词条

## 21

# 自慰是否有害？

童老师注意到，在小东的纸条中写道每次"那个"完之后就会很后悔，很自责。"那个"在男生那里就是俗称的"打飞机"。在女生那里也会有"那个"，可能是夹腿，或者是用手刺激自己的阴蒂。这些行为从前人们习惯称之为"手淫"，现在越来越多的人会称之为"自慰"。当然，从名称的变化能看出，人们逐渐能正视这样一种行为。

不过关于自慰依然还有很多困惑和问题，比如自慰是否有害健康？多久自慰一次算正常？可不可以使用性玩具自慰？这些都是当代年轻人较为时髦的困惑。

自慰是一种自我满足的自体性行为，是正常的、健康的、可以采用的一种方式。

不过这个观点并不是一开始就出现的，在过去很多年里，受到传统刻板的思想影响，"手淫"被看作肮脏的、下流的，对身体不好的。但正如潘绥铭在《性之变》中写道的那样："虽然许多少男少女已经开始了自慰，但是认为自慰不好的少男仍然超过70%，少女则更是超过 3/4。最近 30 年来，中国科学界的主流力量一直在宣传自慰无害，可是为什么科学的声音却仍然没有普及到我们的下一代的心中呢？"

所以，小东的自责和内疚就是对自慰没有清晰的认识导致的，科学的声音没有能传递到青少年的心中去，让他们出现了这样的困惑。

关于自慰有很多偏见，比如自慰会影响身高，会导致近视、脱发等，这些说法都是错误的，也没有科学根据，多源于宗教对性的束缚或者民间的谣言。现在越来越多的科学研究发现，自慰从人类在胎儿阶段就有出现，贯穿我们人的一生。在青年期的自慰是一种性欲满足的行为，和人类在实际两人的性行为是一样的生理反应过程，如果自慰有害，那么可以说主导人类繁衍的性行为也有害。

现在人们逐渐发现自慰也有一定的好处，比如有研究发现男性的自慰可以减少男性前列腺的钙化，降低前列腺癌的发生概率；还有性学家认为自慰可以帮助我们了解性反应的发生过程，可以帮助我们更好地理解和掌控性爱。对于自慰，美国精神病学家汤姆森说："自慰是人类最普遍的性行为，在 19 世纪是一种病，在 20 世纪是一种治好病的药。"

虽然说自慰无害，不过这里我们还是要友情提示：

■ **注意清洁卫生**

无论男性还是女性，在自慰的时候都应该洗手，注意清洁和卫生，避免细菌感染。

■ **注意隐私的保护**

自慰并不羞耻，但自慰是个体的性行为，它应该在私密的环境中进行，保护好隐私才能更好地满足自己的性欲。同时也注意不暴露自己的隐私，不随意询问别人的隐私。

■ **注意保护好身体**

在进行自慰时，以安全为前提，不能随便把生活中的无关用品塞入自己身体的任何孔洞，包括尿道口、阴道、肛门，这些都非常危险。

## 多久自慰一次比较好？

多久自慰一次并没有统一的标准。多久自慰一次取决于当事人的年龄、身体状态和生活状态。有些人可能一周一次，有些人一周三次，还有些人每天一次，总之每个人都可能根据自己的状态找到适合自己的自慰频率。

## 夹腿是否有害？

夹腿是指用大腿刺激的自己外阴或者生殖器以达到一种性满足的方式，不仅女性会用这种方式自慰，也有男性用这种方式。目前针对夹腿自慰的研究比较少，但是依然流传着很多关于夹腿自慰的谣言，认为夹腿会导致阴唇变黑，会导致罗圈腿。其实这同样都是自慰有害论的延展，大可不必过于担心。

## 22

# 什么是正常的性癖好？

"老师，我发现我有点变态。"童老师收到一份网络上的匿名留言。

"我喜欢女生的脚正常吗？感觉看到脚的兴奋度，比看到异性其他各个部位都强烈！我是不是变态？这种情况可以改变吗？"

虽然只有短短的留言，但是感觉信息量还是很大。可能很多人看到这样的留言，会很快判断，这不就是恋足症吗？

　　恋足症指对同性或异性的足部有特殊的迷恋，而这种迷恋往往超过对其身体其他部分的兴趣，甚至能从中得到性满足。恋足者的嗜好对象可能不仅仅局限于"脚"，而是扩大到腿、鞋袜、皮革，以及服饰搭配与影像等范畴。

　　看待恋足可以通过几个不同的视角来理解：

　　首先，人类的性行为是多元化的，如果这种行为不触犯法律，没有对自己和他人造成伤害，那么就只是一种个人喜好罢了。在中国古代，很多人对于女性的脚都有着特殊的偏爱，虽然"女性裹足"是陋习，但人们并不认为对脚的喜爱是不正常的。

　　其次，从弗洛伊德的性发展阶段来看，恋足症也可以理解为是一种性心理发展阶段的滞留和保存，它将性快感与足部相连接并持续地产生一种依赖。不过在判断恋足症是不是一种性心理障碍时，在DSM-5（《精神障碍诊断与统计手册》）中就有这样重要的一项："即因恋足引发性幻想、性冲动或性行为引起有临床意义的痛苦，或导致社交、职业或其他重要功能方面的损害。"

　　人类的性行为并非可以用简单的正常和不正常来划分，一般我们可以用普通或者罕见来进行评价，像恋足症或者恋物症这种性幻想或性行为，都属于相对比较少见的性行为。我们思考和判断一段性行为主要要考虑：它是否发生在成年人之间，是否有知情同意，是否有不健康、不安全的因素，是否有侵害隐私，是否有法律或者道德的风险。

所以，如果恋足的情况并没有引发痛苦的情绪，也不影响生活，那么不需要特别调整。就像留言发问的这位网友，如果他和他的伴侣都能接受，且不影响彼此的感情，那么也不需要什么调整和改变。不过我们也鼓励有这样偏好的人，对自己可以多一点认识和了解，发展和探索自己的性，使得自己可以更多元化地收获和谐的性与亲密关系。

## 拓展问题

### 恋物症是病吗？需要治疗吗？

恋物症是指个体对物体感到性吸引。恋物症人群大部分是男性，迷恋的物体从女性内衣、丝袜、鞋子，可能过渡到女性身体的局部，比如女性的脚、乳房等。

恋物症可以看作一个连续的状态，比如有人喜欢黑色的性感内衣，当性伙伴穿戴时，能够更好地促进性兴奋。但极端的恋物症，对自己迷恋的物体如内衣、黑丝等，已经成为性伙伴的替代物，从而给生活造成困扰。

　　轻度的恋物症是无害的，因为他不会伤害其他人和自己，但有一些恋物者可能发生偷窃行为，这往往让人感到非常苦恼。如果你有强烈的恋物症且无法自控，也给你自己和夫妻生活带来了困扰，那么你可以尝试改变和拓展自己的性兴趣，慢慢改变恋物症，如果你感觉自己没有办法戒掉恋物症，你也可以去寻找专业的帮助。

## 什么是性偏好障碍？

　　性偏好障碍又称性欲倒错障碍，是指反复出现的强烈的性幻想、性冲动或者性行为，持续的时间至少 6 个月以上：

　　■　涉及非人的事物。如恋物症；

　　■　给自己或者性伴侣带来痛苦或屈辱。如性施虐症、受虐症、裸露症；

　　■　涉及儿童或者其他非自愿的人。如恋童症和恋尸症。

　　性偏好障碍不等同于性癖好。专业上，关于性癖好，我们称之为多元性行为，是指从统计学意义上不是普遍存在的性行为。比如有些人喜欢在性爱的时候说说脏话、打屁股、拍照等。

　　区分性癖好和性偏好障碍主要是要判断是否存在强迫性的行

为，是否给他人带来伤害，性偏好障碍一般是难以自控的、长期的，且给自己或性伴侣造成困扰的。如果你自己可能有这种倾向，建议寻求专业人员的帮助。

## 如果发现伴侣有特殊的性癖好，该怎么办？

如果发现伴侣有特殊的性癖好，请不要过于慌张，可以通过以下三个步骤去和你的伴侣沟通、探索和发现。

首先是接纳和评估。食色性也，人类饮食具有多样性，同样，人类的性行为也具有多样性。如果你的伴侣有性癖好，仅仅只限于有些爱好，比如喜欢丝袜、说脏话等情况，不存在个人心理上的困扰、痛苦，也是在可以自我控制的状态，那么他还没有达到性偏好障碍的阶段，这种情况不需要治疗。要知道，我们人类的性，很多时候没有统一的标准。

当然，如果他自己也感觉很痛苦，那么你能做的最好的办法就是陪他寻求专业人员的帮助。

其次，探索和发现性偏好的乐趣。我们每个人都有自己独特的饮食习惯，比如有人特别喜欢吃香菜，但有些人就完全无法接受。所以，当你发现你的伴侣有一个特别的偏好的时候，你可以带着好奇心和他共同探讨和发现这其中的乐趣，这也可以作为你们性生活的一部分，只要这一部分不伤害自己和他人，那么你们可以尝试拓展你们对性的认知，勇敢大胆地做一些不一样的尝试，也许你们会有新的发现。当然，这个过程中要做好自我保护。

最后，我们要提醒大家，和谐的性生活建立在安全、双方情愿、尊重、愉悦的基础之上，希望大家在彼此尊重的基础上，多沟通、多学习，而不是把自己的喜好强加于人，

希望伴侣之间既可以尊重彼此的不同，同时，每个人也都享受自己那份独特的"愉悦"。

百度百科　词条详解

恋足　进入词条

## 23

# 约炮是否可以作为解决性需要的手段？

小静最近一直在纠结一个问题，可不可以约炮[①]？她的纠结显而易见，一方面她理解和接受自己的欲望，但自慰已经不太能满足她的需要；另一方面她渴望跟真实的人有亲密接触，但是说到恋爱，她总是觉得自己没有准备好，受过伤的她不太想再经历一次严肃的爱情，她只想满足一下自己的性欲。这样的想法可以吗？作为女性可以约炮吗？简单拥有一段性关系可以吗？

---

① 约炮：通常指的是尚未建立情侣、夫妻关系或互不认识的人群之间的性活动。

研究发现 60% 的美国大学生曾和朋友有过炮友关系，大约 36% 的大学生有"炮友"。根据中国计划生育协会发布的 2019—2020 年全国大学生性与生殖健康调查报告显示，平均有 19% 的大学生发生过偶遇性行为，其中男生为 22%，女生为 14%。男生显著高于女生。在受调查的全体大学生中，8.39% 的大学生尝试过和网友"约炮"，但只有 4.49% 的大学生实际发生过。男生有过约炮意愿和实际发生的比例都明显高于女生。

中央财经大学性教育专家王存同教授在基于北京高校大学生"约炮"行为的抽样调查及定性访谈资料的研究中撰文写道："在约炮的过程中，约炮行为者们似乎并未获得所想象或期待的满意与欢愉，反而有诸多的风险潜伏其中，为自己或他人的未来增加了许多不确实性，在一定程度上呈现出'低效用—高风险'的特征。此外，受访者对约炮的认知、态度、行为和约炮所承担的风险也都存在着一定的性别差异。"

现代社会女性在健康和人际关系中的风险较高，如果我们只鼓励女性释放和表达情欲，追求自我独立，而不思考这其中的风险，这样做只能是把女性往火坑里推。更好的做法应该是：在赋予女性权利的同时，给予她们思考的角度，以及周旋一段关系的能力。专业上我们称之为：赋权增能。

当女性拥有了这样的思想和能力，那么她不仅仅可以收获性爱生活，同时也会提高她们自己处理亲密关系及爱情的能力。当一个女性不具备这样的能力，也不拥有这样的意识，那么她最好只在更安全的地方去遇见一个好人。

既接受约炮也接受恋爱的人，可能会多一个选择，不过，还是想提醒大家，不要高估自己的能力。

因为一些"渣男"可能比你想象中更容易伤害你。

压抑自己的性欲，只谈恋爱，不接受约炮，最大的好处就是安全。约炮是有风险的，除了健康的风险增大之外，还存在人际关系的风险，比如遭遇"仙人跳"、被偷拍，抑或是陷入一段纠缠不清的性关系。

约炮对于成年人来说是自愿的行为。你们的行为只要不给自己或者别人带来伤害，那么别人并没有什么理由指责你们或者规劝你们不要这么做。但保护好自己、照顾好自己是需要牢记于心的，因为有些伤害可能不在当时，而在事后。

路斯·哈里斯在《爱的陷阱：如何让亲密关系重获新生》这本书中写道："我们无法逃避这一点：爱会让我们变得虚弱。如果我们允许自己与他人亲密，并敞开心门——让那个人越过我们的防御，进入我们的内心，那么我们就要允许自己受伤。"

小静现在的状态，在我看来还是一个"受伤"恢复期，现在她或许最需要的是自我照料，照顾好自己的身体和情绪状态，然后再去做一个清醒的决定。

拓展问题

## 约炮中的安全和健康风险有哪些？

约炮风险主要有三个层面。

首先，约炮会增加我们性健康方面的风险，增加意外怀孕和性传播疾病的概率。约炮的对方一般都是网络上的陌生人或者生活中并不是特别了解的人，对方的健康状态或者性经历我们不得而知，如果在约炮的过程中，没有正确使用安全套，有大量的体液交换，那么我们性健康的风险就会增加。

比如和网友初次见面就开房，在性爱的过程中对方开始承诺使用安全套，但是在中途取掉了安全套，最后导致意外怀孕。

所以建议大家如果是处在约炮这样的情景之中，要提前沟通，全程正确使用安全套并减少体液交换。

其次，约炮会增加我们的道德和法律风险。约炮这样的行为目前并不为大众所接受，很多人都认为这是不负责任的行为，一旦约炮行为被曝光，可能会遭受异样的眼光和看法。另外，在网络上约炮，也可能会有遭到"仙人跳"或者被对方"偷拍"性爱视频的风险。

比如有些人通过社交软件约炮，但最后却遭遇了"仙人跳"，损失了一笔钱财，却又羞于报警。还有人在约炮过程中使用欺骗手段，用网图、假视频，以相互约炮之名骗到酒店实施性侵害。

最后，约炮也会增加我们人际关系的烦恼。在我过往的工作中，收到过很多人对约炮对象产生感情的案例，男性、女性都有。我们人类的性是极其亲密的行为，在性行为的过程中会产生大量的激素让我们产生一种情感的错觉，让两个原本并没有感情基础的人互相产生依赖感。但由于前期的不了解或者现实的原因往往没办法走到一起，最后使得其中一方遭受求而不得的痛苦。所以，如果你没有准备好应对这种负责的人际关系，那么约炮可能不合适你。

总之，约炮无论是对于男性还是女性来说，都是有风险的，一定要权衡利弊，慎重做决定。

## 爱上炮友怎么办？

人类的身体与性常常和我们的感情密不可分。在以性满足为目的的交往中产生感情也是非常常见的。如果两个人都是单身，一方产生了感情，那么可以坦诚地跟对方表达自己想法，彼此倾听理解。如果可以确定彼此都有较深的感情，且愿意一起经营下去，那么你们可以进入一段严肃的恋爱关系。据调查，43%的女性和23%的男性希望能够将"炮友"关系发展成为恋人关系，希望转变关系的绝大部分是女性。那么约炮产生了感情具体该怎么办呢？

我的建议是把它当做经营亲密关系的练习场去沟通和协调、去学习和成长，而不是强求一定要进入恋爱关系。

在约炮的过程中极容易产生感情，但是完整的感情通常不仅仅包含性的激情，还包括两个人的情绪价值和友谊的成分，还包括对这段关系的承诺。而炮友关系往往没有任何承诺，甚至你可能都不是对方唯一的炮友，炮友也提供不了很多的情绪价值，两个人的交流和沟通，彼此的了解和认识也非常有限。所以，从另外一个角度看，炮友是一种不太完整的亲密关系，需要我们花更多的时间去了解对方并给出承诺，才有可能转变为我们想要的恋人关系。

在产生感情之后，你可以跟对方沟通你的想法，谈论你的感受，看看对方的反应，也听听对方的想法，你也可以思考一下对方吸引你的到底是什么？为什么对他产生了感情，为什么他开始影响你的喜怒哀乐？如果没有这段感情你会怎样？总之，借由你们的关系，以及你产生的这些情感体验，你会从中认识自己、了解自己，通过你们的沟通，无论是结束这段关系还是继续发展这段关系，你都可以成为更好的自己。

## 如何看待男人可以性爱分离，而女性总是将性爱紧紧绑在一起?

由于男女两性生理结构的不同，男性在性爱活动中风险更低而女性承担意外怀孕、性传播感染以及其他生理不适的风险更高。与此同时社会文化对于男女两性也存在双重标准，女性单纯的享受性愉悦，更容易被贴上"荡妇"的标签。

由于生理结构和社会文化的双标，使得男性更容易把性与爱分离，单纯享受性带来的快感和刺激；女性为了规避风险，常常通过爱情中的承诺去检验男性的付出和责任，这也使得她们常常把性与爱紧紧绑在一起。

然而随着女性主义意识的觉醒，一部分女性也是可以将性与爱分离的，她们在照顾好自身安全和评估风险的前提下，也可以去享受性爱的快乐，不去思考明天。男人总是性爱分离，女性总是性爱合一，其实有着传统的性别刻板印象，在我们过往的咨询中也有男性无法性爱分离，女性只单纯享受性的情况。

关于性与爱的分离，我的观点是：性是美好的，爱是美好的，性爱合一更美好。无论是男人还是女人，我们都应该积极发展自己的全部人格和能力，把性爱的激情和愉悦在我们的信任和安全的亲密关系中去践行。

## 24

# 关于初夜你应该思考的事

小静最近开始和男朋友计划他们人生的初夜了。小静很爱男朋友，很珍惜这段感情，自己觉得不会因为跟他做爱而感到后悔，当然啦，最重要的是，她自己也确实有性方面的需求。另外，她其实也很好奇做爱是什么感觉。于是，她开始兴致勃勃地考虑初夜应当准备些什么呢？安全套、润滑液？想起这些，她会觉得既兴奋又害羞。她不知道男朋友对这种事情了解多少。她男朋友是比较木讷的那种，又有些想要，但又纠结不知道要怎么办。

小静正在为她的初夜做决定，同时也在做一些准备。我们首先来做准备再来做决定吧，因为当我们做准备的时候能丰富我们的知识，帮助我们更好地做决定。

首先要在性知识上做一些准备。

比如，要了解避孕的知识。是选择安全套还是选择短效避孕药，如果避孕失败了，要如何应对？

比如，要了解性的生理反应是什么样的。一般将人们的性反应分为四个阶段，分别是兴奋期、平台期、高潮期和消退期。女性的性反应比男性慢，平台期持续的时间较长，如果想要和伴侣共同进入高潮，需要沟通和配合。

比如，要了解跟处女膜的有关知识。处女膜本身就是"破的"，处女膜本来的名字叫"阴道瓣"，它在性生活的时候通常不是想象中的捅破的，而是被撑开的。

除了准备好性知识之外，我觉得对于年轻人来说，第一次性行为的选择和体验，也会影响未来对性的价值观和看法，所以在做这个决定前，我们也需要做好进一步的思想准备。

比如，未来你会为这个决定而后悔吗？

比如，如果分手了，再谈恋爱，新的伴侣如果介意，你会怎么想，怎么处理？

比如，为什么在这个时间点发生关系？是为了彼此更亲密，还是纯属好奇？

比如，第一次很疼怎么办？第一次失败怎么办？

不管怎样，如果做决定，作为成年人我们都会为自己的选择负责，为自己的人生负责，所谓负责就是承担行为背后可能带来的结果，这些结果有好的，比如愉悦的性体验，更亲密的感觉；也可能会存在一定的风险，比如意外怀孕的风险增加，阴道黏膜在性行为的时候容易破损，生殖器感染的风险增加，以及产生更复杂的人际关系等。

对于在亲密关系中的两个人来说，决定是否要发生性关系，大家要共同面对这些风险，争取好的结果，坦诚沟通就非常重要。比如很多女性是被动接受男朋友的性邀约，没有主动地想过这些问题，对性自然是期待或者不反感，但事实上她们的内心非常忐忑，也不知道怎么办。但最好的做法是把自己的担心、害怕、焦虑都表达出来。有些男生对于第一次做爱也会有担心和害怕，担心自己表现不好，也害怕自己没经验，所以深入的沟通和交流非常重要。

我们每个人都是自己健康和快乐的第一责任人，坦诚地面对自己的感受，如果没有准备好、感到不适，都可以大胆地表达和拒绝。如果你考虑清楚了，准备好了，你也可以迎接自己的第一次。

当然，对于有些人来说，她的第一次可能不是在有准备的条件下发生的，可能是懵懵懂懂，是意外，甚至是不美好的、难堪的、创伤的经历。但要知道，这仅仅只是一次或者第一次，它并没有我们想象或者认为的那样对我们的人生产生巨大的影响，我们可以被过去所影响，但不会被过去所决定。

## 拓展问题

### 第一次真的很疼吗？

有一些女性受到错误性知识的暗示，认为第一次会特别疼，导致自己在开始性生活的时候特别紧张和害怕，严重的情况还会出现阴道痉挛的情况。但真实情况是个体差异很大，有些女性并没有特别疼痛的感觉，有些女性在这个过程中能感受到快感，并有轻微的处女膜撕裂的感觉，但这个过程是可以接受也可以忍受的。

引发疼痛的主要原因是处女膜的拉伸和撕裂。处女膜是阴道外口周围的皱襞薄膜结构，它拥有少量的血管和神经，位于阴道口。处女膜的形状因人而异，有环型、月牙形、筛状等，只有极少数女性是呈现为闭锁状态，这种非常肥厚并呈现为纤维状的阴道瓣往往需要医疗的介入。

对于大多数女性来说，在准备充足，充分润滑的情况下，第一次性生活并没有想象中的疼痛。也有数据显示第一次性生活有40%的女性不会出现"见红"的现状，还有一些女性因为骑车或者剧烈运动，导致处女膜在有性生活之前已经发生了撕裂。

所以对于年轻的女性来说，正确认识自己身体，掌握科学的初夜知识，可以缓解自己的担心和害怕。与此同时做好准备，做好前戏和润滑，放松身体，让对方缓慢地进入，可以大幅降低初夜的疼痛感。

## 女朋友只愿意边缘性行为，我该怎么办？

首先，你要尊重她的想法。相对于男生，女生在发生性行为后在身心健康和社会文化两个层面，承担的风险都比男性要大。比如，意外怀孕会给她带来身体、心理上的双重伤害。

所以如果一个女性只愿意进行边缘性行为，那么说明她还没有准备好跟你发生进一步实质的性行为，作为伴侣应该理解和尊重对方的选择。

其次，要做好沟通，了解彼此的预期，真诚地表达自己。一方面要理解她的顾虑、担心，尊重他的选择，另一方面也要表达你的观点、想法、感受和需求。彼此求同存异，相互协调，携手向前。

最后，也要特别强调，男性不能用爱情或者其他的手段来威胁自己的女朋友跟自己发生性行为。学会等待，学会沟通，理解爱和责任，我们的性生活和亲密关系才会更美好。

## 阴道痉挛，插入困难怎么办？

插入困难，临床上又称"阴道痉挛"，是指在性交过程中，由于某种原因引起阴道口和阴道外 1/3 周围的肌肉及盆底肌肉发生不自主性的强烈、持续性收缩、痉挛，使阴道缩窄，造成阴茎不能插入，无法性交。如果勉强插入常引起性交疼痛，所以常有回避行为，并引发显著的情绪困扰和人际困难。有插入困难的主要表现为：在性生活中极度紧张和害怕，会不自主地夹紧双腿，全身肌肉紧张，盆底和阴道肌肉痉挛，同时伴随着心跳加快、呼吸急促等一系列症状。

造成插入困难的原因是多方面的。首先，错误的性认知导致的害怕和恐惧情绪，使得在性生活中出现阴道痉挛最后导致无法插入的情况。其次，还跟伴侣之间的信任关系有关。

有文献报告，阴道痉挛是 6.8% 的妇产科就诊女性的常见问题，是 21.6% 的妇产科就诊女性的间歇性问题。有文献认为有 2% 的女性有阴道痉挛的情况。所以，如果你自己或者你身边有这样的女性，不要感到惊讶，而是尽可能地给她们提供帮助。

要帮助她们克服问题主要是通过三个方面入手：

■ 帮助她和她的伴侣树立克服恐惧的信心

大多数遭遇这样困难的女性都存在着强烈的挫败感，觉得自己是个异类，为什么别人"轻而易举"能够完成的事，自己却怎么样也无法解决。这种自责和羞愧的心理会让她们进一步回避性交甚至丧失性欲，所以可以通过科学的性教育，充分认识到自己面临的困难和问题是很多人都可能遭遇的，要树立解决这一问题的信心和决心。

■ 提供有效的自我探索和训练方式来克服性交恐惧

自慰是常见的自我探索和训练方式，女性可以用自己的手指放入自己的阴道，当感觉没有那么疼痛和不适时，她们的害怕和恐惧就会减少。如果可以的话，也可以推荐她们使用小号的情趣按摩棒，能渐渐缓解这种恐惧和障碍。

■ 帮助她们发展信任和接纳的伴侣关系

她们的性交恐惧也会给伴侣增加一点压力，如果伴侣处理不当，表现得没有耐心，这会让他们的关系遭受损害，久而久之不再相信对方。此时要告诉男性，在性爱时要有耐心给予对方更多的时间和空间去准备，帮助女性放松自己的身体，在性爱的时候照顾对方的感受，甚至把性爱的主导权交给女性。让女性慢慢克服内在的恐惧和害怕，迎接男性的阴茎和身体。

对于刚刚开始性生活的女性来说，可能也会出现短暂的"插入困难"，这是正常的现象。

百度百科　词条详解

| 性生活 | 进入词条 |

# 25

## 发生关系了，却要跟我分手怎么办？

　　"我们分手吧"这句话如同一道晴天霹雳，把小静原本美好的想象划破，她原本想："我们都是初恋，我们都是彼此的第一次，应该算是一生一世一双人。"但没想到他们发生关系后不到半年，男朋友就提出了分手。

　　"渣男！"小静的内心非常煎熬，她一方面舍不得这份感情，一方面也很忐忑，毕竟已经把自己"交"了出去，她很害怕未来被人嫌弃，被人鄙夷。她尝试去挽回这段初恋，但是对方去意已决，认为自己对小静已经没有感觉了，而且说了很多没有未来、不合适的话。

　　小静听了非常伤心难过，不知所措。

小静把与男朋友做爱想成是把自己"给"了他，或者是把自己"交"出去，当她这么想的时候，她就注定会痛苦和难受，因为在她看来，她自己的身体和情欲是被动的，是附属于爱情的，而并非独立的。这些思想观念一部分来源于我们的文化，一方面是古代传统意识束缚下的女性没有独立自主的思维意识，另一方面也是浪漫的爱情进一步渲染的结果，影视剧中的女性被刻画成会为爱奉献自己的身体和欲望。

发生了性关系，不代表就建立了好的亲密关系。性行为只是亲密关系中一种表达爱意、表达亲密感的方式，并不是唯一，也不是最好的方式。在很多男性的视角里，如果跟一个女人发生了性关系，他会认为"得到"了她；而在一些女性的视角里，如果跟一个男人发生了关系，就意味着从属于他了。这种观念是非常传统的，每个人都是独立的个体，没有谁"得到"谁，也没有谁从属于谁。

小静对于失恋不必过于纠结，但伤心难过也是在所难免。一段关系的结束有时候跟是否发生性关系无关，发生了关系，会分手；不发生关系，也会分手。对于年轻的小静来说，思考和总结这段关系给自己带来的成长是更为重要的事。比如在这段关系中发生性关系是否有充分的沟通，两人是否都准备好了，两人是否都充分沟通了，是否都表达了对彼此关系的期待和需要。

## 我不是处女了，以后的男朋友还会珍惜我、爱我吗？

很多女性在谈恋爱的时候，受到传统思维的影响，认为处子之身一定要保留到新婚当夜，这样男人就一定会珍惜你、爱你。但是一个女性是否被珍惜、被爱，和她是不是处女没有任何必然关系。

处女情结是有文化背景的，处女情结的本质是男权文化对女性的性剥削和性控制，不仅伤害女性的性权利，同时也伤害男性。在文化层面，我们需要坚决反对物化女性，坚决反对处女情结，因为这些观念的背后是将人，无论是男人还是女人器物化、商品化。在现代社会中，理应加强女性主义思想的普及，让人们更关注性别平等。

但是我需要特别说明的是，有处女情结的男性本身也是这种思想和观念的受害者。作为咨询师，我理解和接受处女情结，并且愿意帮助他们克服这种令人感到痛苦的心结。正如渡边淳一在《男人这东西》中写道："男人的处女情结与其说反映了男人们在性爱方面的敏感和脆弱，不如说是那些不成熟的男人从一己私欲出发所制造出来的畸念。有处女情结的男性很大程度上无论是心理还是思维都存在不成熟的表现，他们通常完美主义、理想主义，陷入一种矛盾和纠结的痛苦之中。"

面对这样的男性，女性可以选择离开，也可以选择陪伴和支持，至于他自己能不能走出来，需要多久走出来，这完全要看他自己。

# Chapter 5

## 青春健康和性

## 26 那些你应该知道的关于男性与女性身体的小秘密

一天，小空在和女朋友亲热时，女朋友一直拒绝小空触碰自己的私密部位，女友对小空说："最近几天感觉不是很舒服，下面有点痒，你别碰我。"

听到女友的话，小空有点担心，于是回复道："要不给你买一瓶×××洗液吧，广告不是说'洗洗更健康'吗？"女友笑着说："你什么都不懂，那东西不能随便用。"

经过这次小插曲，小空意识到自己对性生理健康知识了解得太少了，对于性，自己平时更多都在被动接受一些关于功能、技巧方面的信息，却从来没有主动关注过对自己和伴侣的健康真正重要的信息。

我们对自己的身体真的了解吗？我们知道鼻子可以用来呼吸，还可以感受气味，鼻塞了我们知道吃药……但是，对于性器官，我们常常羞于启齿，遇到一些问题也往往不知道如何应对。

　　说到我们的身体，我们都知道人体有八大系统，其中与性相关的就是生殖系统。但是，对于完成性活动来说，生殖系统包含的器官其实是不够的，因为性并不等同于生殖，性也并不只是两腿间的事情。

　　所以，想要处理好我们的性健康，我们就必须更好地认识全部与性有关的器官，于是，性学研究者们提出了一个新的概念：性系统。

　　从性学的角度来看，什么是性系统呢？性活动有它自己的一个独立功能器官系统，这个系统除生殖系统的器官以外，还包括非生殖系统的一些器官，即凡是与性活动有关的器官都可以概括到性系统的范畴。

　　譬如，我们的大脑是我们性系统的中枢器官，性活动都要依托于大脑的调控才能顺利进行，所以大脑也是我们最重要的性器官；我们的皮肤也是我们性系统重要的感受器官，全身上下的皮肤都能够感受性刺激，所以皮肤便是我们身体上最大的性器官。

　　我们的鼻子、眼睛、耳朵等，都能在性活动过程中感受不同类型的性刺激，这对于我们的性唤起和性反应的顺利进行都非常重要。所以，从广义上来说，这些器官同样属于性系统的范畴。

当然，我们生殖系统的器官同样属于我们的性系统，并且他们的功能、健康情况对我们的性活动起着非常关键的作用。那么，男人和女人的性器官都有哪些区别，它们的功能和特点又如何呢？

通常情况下，我们会将性器官分为外部性器官和内部性器官。

男性的外部性器官包括阴茎和阴囊，很多人会以为睾丸是男性的外部性器官，但实际上它并没有暴露于体外，是在胎儿发育过程中从腹腔降至阴囊，所以它从结构上属于男性的内部性器官。除了睾丸之外，男性的内部性器官还包括精索、输精管、精囊腺、前列腺等。

女性的外部性器官指露于体外的部分，统称为外阴，女性的外部性器官包括阴阜、大阴唇、小阴唇、阴蒂、尿道和处女膜。女性的内部性器官位于体内，确切说是位于骨盆内，女性的内部性器官包括子宫、卵巢、输卵管。

这些性器官常常成为人们热议的对象，也常常成为谣言和偏见的发端，以致人们对它们产生了很多错误的认识，这也威胁着我们的性健康。所以，我们必须打破有关性器官的谣言和偏见，了解以下十条信息对我们来说非常关键。

1. 睾丸不宜处于"高温"环境

精子生产、发育的场所是睾丸，男生为了保证生殖健康，日常最好要穿着宽松的棉质内裤，保持干爽和透气。男生不要总是穿紧身裤、连裤袜和牛仔裤等，男性睾丸要维持正常的生理功能，所要求的最适宜的温度约为35度，如果温度太高，会影响精子的产生。所以，男生要避免睾丸长期处于在潮湿、高温的环境中，比如泡浴池、蒸桑拿，把笔记本搁在腿上等。

2. 包皮垢是细菌的温床

阴茎在未勃起状态下，它的部分皮肤在冠状沟处复迭并遮盖阴茎头的上半部，这部分皮肤就是包皮。包皮内面和阴茎头交接处的小皮脂腺会不断地分泌淡黄色的油性物质，这些油性物质与少量的尿液和皮肤脱下来的垢混合成乳酪状物质，形成"包皮垢"。包皮垢如果长期附着在阴茎头表面或集聚在冠状沟内，就容易成为细菌滋生的"温床"，引起细菌性炎症或其他疾病，也容易在性爱过程中将病菌传播给自己的伴侣。因此，男生应当翻开包皮勤洗，以免积垢而发生刺痒或感染。

3. 男女尿道大有不同

男性的排尿通道和排出生殖细胞的通道都是尿道，但是女性的生殖通道也就是阴道和尿道是分开的，不同于富有细菌的阴道，女性的尿道内没有细菌，并且女生的尿道结构和男生不一样。男生的尿道比较长、比较细、比较曲折，而女生的尿道则是短、宽、直。这些生理结构都决定了，女性需要特别注意预防尿路感染，所以要注意清洗外阴，尤其在发生性行为后要注意清洗，也可以通过排尿来清洁。

4. 性器官颜色深浅和性经验丰富程度没有必然联系

性器官的形状、大小、颜色几乎不会影响性的感受，年龄的增长、激素的分泌会造成色素沉淀，因此私处的颜色可能会加深，这与一个人的性经验、生育能力没有任何必然联系。

5. 阴蒂是女性身体上专门为快感而生的器官

阴蒂里面包含 8000 个神经末梢，对性刺激非常敏感，在性唤起过程中起着最关键的作用。它和男性的阴茎是同源器官，不同的是它不具备排尿和射精的功能，其唯一的功能就是性唤起，是女性全身最重要的愉悦器官。

6. 女性的性敏感地带遍布全身

性敏感区在男女之间的分布是有差异的：男性性敏感区比较局限，女性性敏感区则是散布全身（也就是说女性完全可以探索全身更多其他部位的"性感地带"），所以从性感受能力来说，女性不比男性差。然而，现实中女性比男性的性体验更差，这不是生理因素决定的，而是心理因素和社会环境的影响。

### 7. 女人的性中枢和男人一样

男女有别，但是男女更多的是相似。性科学发展至今，让我们认识到了一个新的系统——性系统。其定义是：以皮肤黏膜为终末器官，以脑为中枢器官的功能系统。由此而知，性不是以我们的外部性器官为中心，尤其不以男性的阴茎为中心，而是以男女都有的器官——脑为中心。所以无论男女都有能力、更有权利享受性的美好，都可以成为性爱的主动方。

### 8. 女性阴道不宜滥用洗液清洗

女性阴道具有自洁功能。所以你不需要用水或者其他洗液冲洗它。有时候，内裤上流出来的黏液会让人觉得恶心，但实际上，这些东西并不脏，反而是健康身体的一种正常现象，并不需要你为之担心。而如果你对阴道进行冲洗，就有可能破坏阴道内的有益细菌。并且，药店里出售的一些洗液都含有一些刺激阴道的成分，所以切记不要随便冲洗！

### 9. 乳腺癌威胁着众多女性身体健康

女性患乳腺癌的概率比男性高 100 多倍，是女性的第二大死因。女性患乳腺癌的风险随着年龄增长逐渐增加，并且患过乳腺癌的女性面临的风险更高，可能再次患病。女性患乳腺癌的风险还跟家族病史有关，患癌的女性大约 30% 有家族病史。定期进行乳房检查对于所有女性来说都非常有必要。

10. 完整的处女膜才是"不正常"的

有的女人（千分之一）可能自打出生就没有这样的一层膜，而一个发生过多次性行为的女人，她的处女膜也可能是完整的。女人的处女膜可能因发生性行为而破裂，但 40% 的女性第一次做爱没有"见红"。除此之外，处女膜也可能因生活中的其他事件破裂，例如体操运动、骑马或者其他体育活动，并且通常情况下这层膜都有孔洞（否则经血如何排出？），所以说传统观念中的"处女膜"和贞洁并没有关系，更不要用是不是处女去衡量和判断一个女人的价值！

# 27

## 量多、量少、迟到、早退，"大姨妈"是怎么了？

小欣发现自己最近"大姨妈"的量似乎变少了，她不知道自己是否属于"月经过少"的情况。有时候，她也觉得自己的大姨妈来得不那么有规律，偶尔迟迟不来，有时候来了又迟迟不退，她担心自己的健康是否出现了问题。

对于"大姨妈"，小欣总觉得有很多自己不太明白的知识，譬如怎样算多，怎样算少，来的早或者迟是否说明什么问题？

"大姨妈"就是月经的通俗说法，那究竟什么是月经呢？月经是指伴随卵巢周期性变化而出现的子宫内膜周期性脱落及出血。从这个定义我们可以看出，月经的主要表现是出血，但它有一个限定词是"周期性"。也就是说，月经的出现和消失通常是有一定规律的。

那么，怎样才算规律正常呢？应该间隔多久出现一次月经？月经持续时间又应该是多长呢？

关于"周期"的相关问题，我们需要继续弄明白两个概念：经期和月经周期。

■ 经期

月经持续流血的天数称为经期，一般为2-8日，平均4-6日。由于不同女性的免疫力、身体素质都存在差异，所以每个女性的经期都不太一样。从大多数女性的情况来看，经期持续时间在3-7天的比较多，偶尔也会有7-8天的情况。

对于偶尔经期达到8天的情况，如果没有发热、腹痛等情况，也没有一些宫颈健康方面的问题，通常也可以被视为正常情况。

如果经期时间明显延长，甚至超过10天，这种情况可能意味着存在卵巢功能方面的问题或者一些妇科方面的炎症、疾病，这种情况需要去医院进行检查，进一步明确原因，排除一些身体健康方面的风险。

根据妇科医生的意见，女性经期时间过长主要跟以下三个因素有关：

1. 经常精神压力过大、紧张、烦躁、过于疲劳，这些都可能导致女性内分泌失调，引发经期时间长；

2. 长期吃生冷、刺激性的食物，不注意身体保暖，经血长期聚积在子宫里面无法正常排出，就会导致经期时间延长；

3. 盆腔炎、宫颈炎等妇科疾病也可能导致经期时间过长，环境因素、卵巢功能异常都有可能引发相关疾病。

女性经期时间长跟很多因素有关，遇到这方面的情况最好引起重视并积极进行调理，譬如注意保暖、避免食用辛辣的食物，做到劳逸结合。若经常出现这些问题，一定要去寻求妇科医生获取专业帮助。

■ 月经周期

两次月经第一日的间隔时间称为一个月经周期，正常的月经周期为 24-35 天，大部分人在 26-32 天，平均 28 天左右。月经周期大于 35 天可以判是为月经周期长。

内分泌影响是造成月经周期延长的常见因素。月经周期受卵巢分泌的激素影响，当雌激素水平过高，孕激素水平不足，可能导致子宫内膜一直生长而不脱落，造成月经周期延长。

一般来说，工作压力大很可能导致内分泌出现问题。例如，很多女孩会因为晚上经常加班导致月经周期延长。另外，一些内分泌疾病如多囊卵巢综合征、高泌乳素血症等，也会引起内分泌异常，造成月经周期变长。

此外，卵巢肿瘤、子宫肌瘤、子宫腺肌症、子宫内膜异位症，以及严重的盆腔炎等妇科器质性疾病同样可能导致月经周期延长。使用一些药物如抗精神病类的药物也可能引起月经周期变长。

如果月经迟迟不来，有性生活的女性也应该考虑怀孕的可能性，需要进行相应检查。月经周期长原则上不能超过 2 个月，如果超过一定要看医生。

除了月经周期延长，很多女性也常常遇到月经提前出现的情况。

如果月经提前的时间在七天之内，属于正常范围的波动，不必过于担心。生活作息、饮食、环境、情绪等因素都可能造成月经周期的波动，可以通过改善饮食、起居或者服用药物进行治疗。

如果月经提前的时间超过七天，这就需要女性多加注意，关注一下自己是否有卵巢功能异常、内分泌紊乱，以及一些妇科疾病等，这些因素都可能导致月经紊乱。特别是当这种情况连续三个月出现时，一定要更加关注生理健康方面的问题。

月经的另一个表现就是出血，出血的量多量少也是很多女性非常关注的问题，这也跟女性的健康状况有关。

女性每次月经的出血量称为经量，一般情况下，女性月经的第二至三天血量比较多，之后血量逐渐减少。

那么经量多少算多，多少又算少？目前认为，绝大部分女性经量是在 30-50 毫升左右，超过 80 毫升称为月经过多。

不过，对于女性来说，很难有精准的办法测量每次月经的经量，所以临床上一般通过女性一次月经使用的卫生巾数量估算大致的出血量，一般认为卫生巾使用频率是一天换 4-5 次，每个周期使用卫生巾数量一般不超过 20 片。如果女性在一个月经周期使用了 30 片卫生巾还不够，并且卫生巾基本湿透的话，这种情况一般就可以被认定为经量过多。

饮食不当、天气改变、受凉、过度疲劳等，都有可能会导致月经量的增多。一些病理性因素如子宫内膜异常增生、子宫肌瘤等问题也可能造成月经量增多。如果女性月经量多的情况持续时间长、出现的次数多，这些情况都需要及时就诊，避免导致更严重的并发症。

从医学角度看，如果一次月经量少于 5 毫升，或者说一次月经周期出血量都不足以湿透一片卫生巾时，那么这种情况基本属于月经量少，绝大多数女性都不符合这种情况。

女性月经量少主要是由于子宫内膜缺少雌激素的刺激，达不到应有的厚度，所以子宫膜脱落时出血量也很少。

过度节食、工作压力过大、习惯性熬夜等不良习惯，都可能造成月经量少。如果女性平时没有这些坏习惯，依然存在月经量少的情况，那么这时就要考虑是不是疾病因素导致了这些情况，比如宫腔粘连、子宫发育不良、多囊卵巢综合征等。

## 拓展问题

### 经前期综合征

经前期综合征（premenstrual syndrome）是指女性在月经期前 7-14 天出现的一些负面生理、精神症状，如头痛、腹痛、乳房胀痛、紧张、乏力、易怒、烦躁、失眠等，经期之后症状通常会自然消失。

这些综合征并不是疾病，大多数人只要调整好自己的生活节奏，注意保养，是能够克服的。只有大约 5%~10% 的有症状者，其生理和精神的症状严重到需要就医的程度。

这些综合征出现的原因可能与性激素分泌忽然升高有关。但是，性激素升高为什么导致这样的一些症状，其机理至今未明。并不是所有女性都会有这些综合征，也就是说在这件事情上存在个体差异。

为了更好地应对经前期综合征，留意到自己的经前期的各种症状的女性可以坚持记"月经日志"。在日志里把自己出现症状的日期记录下来，症状的严重程度可以用简单的斜杠（轻度）或叉（严重）来表示。这样的日志可以帮助女性在自己发生经前期综合征期间，控制、调整自己的情绪和生活。

## 28

# 痛经时，女性的身体到底在经历什么？

　　小丘的女朋友最近来大姨妈了，跟很多女生一样，小丘的女友每次来月经都会出现"痛经"的情况。每次遇到这样的情况，小丘都觉得有点力不从心，听到女友跟自己倾诉，小丘除了安慰也不知道还能做点什么。

　　小丘很好奇：痛经究竟有多痛苦，为什么有些女性会痛经，怎样做可以帮助女朋友更好地应对痛经呢？

月经是一个让女性又爱又恨的东西：它不来，可能意味着自己的身体出现了问题；它来了，又会让女性感到焦虑不安，因为这个过程可能带给女性很多难受的体验。

痛经便是大姨妈带给大多数女性的一种难受体验，只不过每个人疼痛的程度不一样。在我国，近八成的女性会经历痛经，其中有少数人（大约 14%）会出现痛经难忍、影响到正常生活的情况。

痛经主要是强调女性在月经期间出现的下腹部疼痛，但一些女性在月经期间也可能会伴随一些其他难受的体验，如头痛、腰酸、腹疼、牙疼等症状。

有过痛经经历的女性这样形容痛经的感觉：

会呕吐，会腹泻，最后完全不想动，做什么都没力气；

会感到身体发虚，脸色发白，手脚冰凉，身体冒冷汗；

坐也不是，站也不是，睡觉时翻来翻去也睡不好，没精神……

可以看出，不同女性出现痛经的感觉是不一样的，严重程度也不一样，这主要跟女性自己的身体情况是有关系的，但不管是什么感觉，每个月一次这样的体验的确不好受。

那么来月经为什么会痛呢？我们需要先简单了解清楚月经的产生过程。

女性的性腺是卵巢，卵巢具有排卵和分泌雌激素等作用。女性在进入青春期后，卵巢就会开始"工作"，产生卵子和雌激素。其中，雌激素会导致子宫内膜增厚，为胚胎着床做好准备。卵子被排出后，卵巢会分泌孕激素，孕激素会促使子宫内膜转化成胚胎着床需要的状态，同样为胚胎着床做好准备。

卵子在被排出后，如果遇到精子，便会与精子结合，开始在增厚的子宫内膜着床；而卵子在被排出后如果没有遇到精子，大概在 14 天后，雌激素和孕激素就会迅速下降，接着子宫内膜也就会萎缩、脱落，引起出血，于是就形成了月经。

月经形成后需要被排出，这还需要一种叫作"前列腺素"的激素促使子宫收缩。如果女性体内前列腺素分泌过多，就会引起子宫强烈收缩，从而造成子宫痉挛的感觉，让女性感到"腹痛"，腰酸、腹部坠胀等其他不适感也可能伴随出现。

月经排出过程中，由前列腺素引起的痛经叫作"原发性痛经"，除了这种痛经，女性还可能在月经期间因为一些妇科疾病造成痛经，这一类痛经就叫作"继发性痛经"。

所以，痛经是不同原因造成的，根据这些原因我们也可以将痛经分为原发性和继发性两种类型，对于不同类型的痛经，我们也可以选择不同的应对方案。

除了根据疼痛的原因分类，痛经也可以根据疼痛的程度被分成轻度痛经、中度痛经和重度痛经。

轻度痛经能够让女性感受到疼痛，但不会影响起日常活动，学习、工作通常不会被影响，没有恶心、头晕、乏力、呕吐等伴随症状，几乎也用不着止疼药。

中度痛经会让女性日常活动受限，也会对女性的工作造成一定影响，其他的伴随症状比较少，服用止疼药可以缓解不适。

重度痛经则会让女性日常活动及工作受到明显影响，全身的伴随症状也很明显，服用止疼药也可能效果不好。

女性该怎么避免和缓解痛经呢？对于女性来说，月经期间是比较特殊的一个阶段，在这期间做好情绪调整、注意休息和保暖非常重要。

心理压力过大可能成为痛经的一种诱发因素，所以，在月经即将来临时，女性应该注重去做一些调节情绪的事情，帮助自己缓解心理压力，譬如适度活动，做一些让自己感觉心情愉快的事情，尽量避免让自己产生负面的情绪，保持心情舒畅。

月经期间女性需要注意休息，避免劳累，不要熬夜，否则可能造成女性感到精神压力大，更容易引发痛经。

做好保暖措施对处于月经期间的女性也很重要，譬如用热水袋贴敷小腹，热水泡脚，喝热水等，这些措施可以缓解子宫痉挛，减少痛经。

此外，女性也应该了解一些可以用于缓解疼痛的药物，以便在中重度痛经时帮助自己更好的应对疼痛。应对痛经效果比较好的药物就是布洛芬，此外，短效避孕药对于缓解痛经也有一定帮助。

需要注意的是"止疼药物通常具有一定的起效时间"，这也就提醒女性在应对痛经时，如果知道自己可能会有比较严重的痛感，那么在稍微有点疼痛感的时候就应该服用止疼药，不要等到疼痛难耐的时候再去服药，否则就会多经受一些时间的煎熬。

女性在月经期间如果只是轻度疼痛，通常不需要服用药物，做好一些心理和生活方面的调整就可以缓解。如果女性在经期遇到中重度疼痛，这时最好服用药物帮助缓解，当疼痛到脸色发白、冒冷汗甚至晕倒时，应当去就医帮助自己更好地应对，也便于让自己确定是否患有一些妇科方面的疾病。

当女友正面临痛经的时候，男性首先应当给予关怀，让痛经的女友感受到温暖，从而缓解焦虑、烦躁的情绪。此外，男性可以根据女友的痛经症状给予有针对性的帮助，这就需要男性和痛经的女友进行一些沟通，询问疼痛的部位和程度。

如果女友只是轻度痛经，那么男性做好一些关怀工作就够了，譬如抱抱对方，语言上关心一下对方，帮对方倒一杯热水……

如果女友属于中度甚至重度痛经，这时男性如果仅仅是给予语言关怀就显得有点敷衍了，这样做甚至有可能更加激起对方的不良情绪，"多喝热水""你忍一下"之类的话千万别对正在经历中重度痛经的女友说。此时对方很有可能正在经历身体和心理的双重煎熬，你更需要为她提供一些行为上的帮助，譬如买一下止疼药，必要时带她去就医等。

很多有中重度痛经情况的女性经常会在月经即将来临时就开始焦虑不安，这也提示着这些女性的男友可以提前帮助女友一起去面对难受的体验，及时察觉到女友的情绪变化，帮助她提前建立起良好的心态，尤其不要在这期间去做一些让对方不开心的事情。

## 拓展问题

### 女性一定要留意自己是否有继发性痛经？

原发性痛经通常会在月经来潮后开始疼痛，在经期的第一天痛感最强烈，此后开始缓解；疼痛感通常位于下腹部，也可蔓延至腰部和大腿内侧；也可能会伴有头晕、恶心、腹泻、乏力等症状，严重时还可能出现脸色发白、出冷汗的情况。

继发性痛经的痛感与妇科疾病有关，通常会在月经来潮之前就出现，在经期前半期最强烈；可能会有下腹坠胀、牵引痛、性交痛等症状；也可能伴随经量、白带增多的症状。

常见的可能引发女性痛经的疾病有子宫内膜异位症、子宫肌瘤、盆腔感染、宫腔粘连、子宫腺肌病等，这些疾病会对女性健康造成严重影响。

所以，当女性长期遭受中重度痛经的情况时，或者疼痛感越来越重时，一定要确定自己是不是因为相关妇科疾病导致的继发性痛经。

# 29

## 乳房自检你应该知道的事儿

一天，小菁刷到一条关于乳腺癌的短视频，通过该视频了解到了一些乳腺癌的前期症状。此后，小菁试探着触摸了一下自己的乳房，她觉得好像能摸到一些结节，但又不确定是真的结节，还是自己的心理作用，这令她有些焦虑不安。

小菁不知道怎么办，心想："为什么我会刷到这个视频呢，偏偏还在刷到之后感觉自己也有问题……乳腺癌离自己真的很近吗？怎样才能预防呢？"

小菁越来越害怕，于是他找到了学校的性教育老师寻求帮助。

很多人都认为乳腺疾病尤其是乳腺癌离自己非常遥远，可事实上，乳腺癌每年夺走了全球 50 万女性的生命。

一些研究数据显示，全世界每年有 100 多万妇女患有乳腺癌，发病率每年递增。目前在欧洲，平均每 2.5 分钟即有一位女性被诊断为乳腺癌，平均每 6.5 分钟就有一位女性死于乳腺癌。

而在我们中国，乳腺癌发病率及死亡率均位列我国女性恶性肿瘤之首，且具有两大特点：（1）发病早，我国乳腺癌高发年龄比国外的平均年龄早了将近 10 年，有明显的年轻化趋势；（2）就诊晚，目前我国的筛查普及程度并不是很高，许多人就诊时已经是晚期，所以治疗的效果并不是很好。

面对这些数据，我们不用过度紧张，当我们了解了保护乳房的方式、避免伤害乳房的行为并且能够及时、正确地进行乳房检查，我们就可以很好地避免乳腺癌的发生。

■ 哪些行为和方式是伤害乳房的？

关于伤害乳腺的一些行为习惯，第一个要提到的就是穿蕾丝、化纤、束身衣，这类尼龙质地的内衣可能会引起皮肤的敏感，甚至可能会有脱落的细小线头进入乳头的导管，堵塞乳头，形成慢性乳腺炎。

其次是流产、滥用避孕药、雌性激素紊乱。许多朋友可能避孕工作没有做到位，意外怀孕后，会选择人流。但其实人流不仅对子宫内膜有损伤，对乳房也有很大影响。

最后是压力、郁闷、不合理不健康的生活方式（包括大量摄入高卡路里的食物、饮酒、吸烟等）以及侧身睡觉，还有不恰当的减肥方式。

■ 如何保护好乳房？

在了解可能伤害乳房的一些因素后，我们谈谈如何保护我们的乳房。

首先也是最重要的，我们应该正确选择并穿戴内衣。特别是在运动或者妊娠期的时候，选择合适的内衣可以给乳房一个保护与支撑的作用。当然，我们也可以在一些时候不佩戴内衣，比如睡觉、周末在家、外出度假、春秋冬季穿衣较多的时候。

其次是学会调节自我情绪。长期的焦虑与抑郁也是乳腺癌的诱因之一。所以我们一定要保持乐观的心态，及时摆脱不良情绪。当你意识到自己的情绪处在不良状态中时，及时寻找心理医生的帮助。

最后，和谐的性生活也很重要。这会调节的我们内分泌，降低雌激素水平，进而降低乳腺疾病发生率。

■ 如何正确地进行乳房检查？

乳房检查需要定期体检与自我检查相结合。一般情况下，对于没有乳腺癌高危因素的健康女性，建议 20 岁左右可以 2-3 年做一次体检，30 岁以上每 2 年做一次检查，40 岁以上建议每年做一次检查。如果有乳腺癌家族史的女性，或者具有其他乳腺癌高危因素的女性，建议尽早去做检查，在普通筛查的基础上，加做一些灵敏度比较高的检测。

乳房自我检查的方法可以简单归纳为"看、摸、平躺"。

"看"的方法：站立在镜子前，观察两侧乳房——是否有排出物从乳头流出；乳房皮肤是否有皱起，或缩拢、微凹、鳞状的变化出现；是否有任何不规则的、既往没有的变化呈现，譬如乳头的颜色，乳房有没有凹陷，有没有橘皮样的改变。

"摸"的方法：开始于外上缘，举起一侧的上肢，用对侧的手指缓慢而稳定地细细触摸对侧的乳房，用手指的平坦部分（不只是用指尖）压乳房，做环形的、向中心的移动，渐渐移到乳头，一定要做到整个乳房无遗漏地探摸过。

摸的过程中可以按照一定的方向进行，顺时针或逆时针都可以，注意不要用手去捏乳房，而是要用手掌轻轻地触摸。此外，"摸"的过程中还要特别注意乳房与腋窝之间的区域，也要检查腋窝部，看看有没有任何平常没有的团块存在于这些部位的皮肤下面。

在乳房查完以后，我们也建议大家轻轻挤压一下乳头，看看有没有分泌物从乳头上溢出，但是这个动作不建议经常做，而且不要用非常大的力气去挤压乳头。一般如果有健康问题，只需要轻轻一挤，乳头就会流出分泌物，或者平时不挤乳头的情况下也会有分泌物流出来。

"平躺"检查是乳房自检的第三步，将需要检查的一侧乳房的上肢举过头，放在枕头上面，可以用一个垫子把需要检查的一侧乳房垫高，这样可以使乳房平坦，更容易发现乳房的病灶。

如果大家在进行乳房自检的时候发现有乳房肿块或者疑似有肿块，而自己又不太确定的时候，不要惊慌。乳房上发现肿块不一定都是乳腺癌，更多的情况可能是良性的疾病，而且这些异物也有可能根本就不是肿块，而只是一个增生团快。

遇到有疑似肿块的情况，请大家及时到医院就诊，以查清究竟是什么原因，尽早发现一些问题，尽早进行治疗，这样对我们的健康也会更好。

**拓展问题**

**乳房保健操**

女性保护乳房可以做两套乳房保健操，一个叫"合十操"，另一个叫"碰肘操"。

"合十操"做起来非常简单，就是双手合十，然后缓慢地上移，举过头，然后再平行地向左和向右平行移动，每次做 5 分钟左右即可。

"碰肘操"第一步是握拳，然后大臂与肩平行，小臂与大臂垂直，然后保持这个姿势，双手缓慢向胸部收拢，让双肘相碰，反复这种练习 10 次以上。

这两套保健操都非常简单易行，不需要特殊的器械或者场地，女性平时可以多做，坚持做都会有效果。

## 乳腺癌的高危因素

到底什么样的人容易患上乳腺癌呢？一般情况下，乳腺癌有三个高危因素。

第一个高危因素是年龄，在我们国家的女性当群体当中，一般有两个乳腺癌的高发年龄，一个是 45~55 岁，另一个是 70 岁左右；第二个高危因素就是月经状态，一般来说绝经年龄比较晚的，比如说超过 55 岁还没有绝经的女性，就相对更容易患乳腺癌；第三个高危因素是遗传，比如家族当中有些人的一级亲属比如母亲、姨妈、表姐这些人当中有人患过乳腺癌、卵巢癌或者甲状腺癌，那么这种情况就比同龄的、没有家族史的其他女性发生乳腺癌的概率高不少。

百度百科　词条详解

乳腺癌　　进入词条

## 30
# 什么是跨性别？

小林近日看到一条新闻：因"爱穿男装"被辞退，公司被判赔偿其精神抚慰金。通过这条新闻，小林了解到一个新的词语——跨性别者，同时，小林也通过新闻了解到，在当今社会中跨性别者并不少见并且他们常常面临各种压力和歧视。

不过，小林对于究竟什么是"跨性别"充满好奇，小林说："第一次听见跨性别者，但究竟什么人才算跨性别者呢？我有个喜欢男生的表哥，表哥是不是也是属于跨性别？为什么会有跨性别者存在呢？"

对于大多数人来说，"跨性别"都是一个陌生的词汇，但实际上，不同程度地"跨性别"情况在我们生活中非常普遍。要想弄明白小林提出的这些困惑，我们首先需要对"性别"的概念重新进行认识。

也许不少人会觉得：性别这个概念还需要重新认识吗，性别不就是男女，男人就是男人，女人就是女人吗？事实上，"性别"是有多个层面的，平时我们都仅仅是从生理层面确定我们每个人的性别，忽视了社会文化对我们性别的定义，也没有去重视每个人自己内心对性别的感受。

■ 生理性别

生理性别就是指我们基于生物学特征去对性别进行的定义，这些生物学特征包括性染色体、性腺、外部性器官、性激素等，主要是指一个人基于外生殖器解剖学上的雌雄而决定的性别。

学过生物学的朋友都知道人类有 22 对常染色体和 1 对性染色体，其中 1 对性染色体便从染色体层面决定了一个人的性别。不过，我们会发现即便是在这个层面，也会发现一些例外情况，譬如有的人有三条性染色体。

除了染色体之外，在生物学层面的其他特征，如性腺、外部性器官、性激素等同样存在不只是男性和女性两种情况，一些处于男女中间状态的情况也时有发生。

通常，我们判定一个人的性别，主要就是基于其生理性别。譬如在一个婴儿出生后，人们通常就是通过外部性器官来判断性别，有小丁丁的就是男生，没有小丁丁的就是女生。

在性别的生物学层面通常有男女两种情况，但一些中间的状态也是存在的。

■ 社会性别

当我们出生后，我们会发现自己会被社会赋予一些期待和规范，这些期待和规范往往是基于我们生理性别的。譬如，男孩通常会被取名某某刚、某某强，女孩通常会被取名叫某某婷、某某茹；男孩应该玩变形金刚，女孩应该玩洋娃娃；成年后，男人应该赚钱养家，女人应该照看孩子……

这些基于我们生理性别给的期待和规范并不是我们与生俱来的，而是在我们出生后社会文化赋予我们的，这些期待和规范就是我们说的"社会性别"。

在不同国家、地区、历史、宗教和文化背景下，社会性别所包含的期待和规范也不一样。我们个人的发展和选择，也常常受到社会性别规范的塑造或限制。

■ 性别认同

对于我们的生理性别以及社会性别，我们每个人都会有自己的感受和认知，从而认为自己属于某一性别，这样的过程就是性别认同。

我们每个人都会有对自己的性别进行认同的过程，大部分都认同自己的生理性别，也能认同社会文化对自己生理性别的规范和期待，这些情况我们都可以称之为"顺性别"。

但是，少数人的性别认同不一样，他们可能不认同自己的生理性别，或者无法认同社会文化对自己生理性别的期待和规范，这种情况就是我们所说的"跨性别"。

跨性别的情况下，人们可能会通过衣着打扮、言行举止来表达自己的性别认同，甚至可能手术矫正生理性别来满足自己的性别认同。

基于前面我们谈到的性别的核心概念，我们可以对跨性别给出这样的定义：性别认同与生理性别不符的人，或性别认同与社会性别不相符的人。

- 跨性别的类型

跨性别者主要分为跨性别女性（Trans woman），也称男跨女（Male-to-Female，MtF），与跨性别男性（Trans man），也称女跨男（Female-to-Male，FtM）。跨性别女性是指生理性别为男性、性别认同为女性的跨性别者；跨性别男性是指生理性别为女性、性别认同为男性的跨性别者。

除了跨性别女性和跨性别男性，一些跨性别者也不认同"二元性别"，即他们可能并不觉得自己是男性或者女性，譬如认同自己是处于男女中间的状态，又或者同时具有男女两种性别等，这些情况的性别认同属于"性别酷儿"。也就是说，跨性别者当中不只男跨女和女跨男两种情况，还包括性别认同为性别酷儿的情况。

### ■ 跨性别和性倾向

性倾向是指一个人在情感和性两方面会被某些性别的人长久、稳定地吸引，这和性别认同不是一回事，性别认同主要强调一个人对自我性别的感知。

很多人会将所有性少数人群混为一谈，譬如以为同性恋就是跨性别者。而事实上，跨性别和性倾向是性的两个不同层面，二者之间也没有直接的关联。跨性别者和大多数顺性别者一样，他们当中也会有不同的性倾向，如同性恋、异性恋、双性恋等。

根据一些面向跨性别者的调查，与顺性别人群相比，跨性别人群中泛性恋、同性恋这两种性倾向占比更高。

### ■ 跨性别和变性

跨性别和变性也不是同一种情况，并不是所有的跨性别者都渴望变性，在一些做了变性手术的人当中，也有一些人不认同自己是变性人，他们更乐意用"跨性别"来认同自己的性别。

■ 跨性别和异装癖

　　跨性别是一个关于性别认同的概念，而异装癖则是一个关于性别表达的概念，所以这二者也是不一样的。

　　一些跨性别者他们并不会在行为或者衣着上表现得与他们的性别认同相符，譬如一个生理上的男人内心觉得自己是女人，但他迫于各种压力并不会表现出女人的性别气质；也有一些异装者并不认同自己是跨性别，譬如一些人可能经常在舞台甚至生活中扮演其他性别，但他们内心并不认同自己是其他性别，而是非常认同自己原本的生理性别。

拓展问题

我们该如何看待跨性别者？

　　跨性别者在日常生活中容易遭受到他人的歧视和恐惧，也因此有更大概率遭受到暴力、欺凌和一些不公平的对待，这些都给跨性别者带来了巨大的精神压力，更容易出现心理问题。

　　同时，跨性别者也面临更艰难的生活环境，他们可能在就业、人际关系、公共场所如厕等情况面临困难，在生活中遭遇非常多的不便。

我们应该明白：跨性别者的一切选择都是基于他们内心最真实的感受和需求，我们不能拿自己的观点去要求他们做出跟我们一样的选择，他们的这些选择也没有对其他人造成负面影响，是非常合理的，应该被平等对待。

我们应该认识到，跨性别者所面临的种种压力和困难都不是因为他们自身的性别认同或者性别表达，而是因为社会文化产生的性别刻板印象，任何基于性别刻板印象的暴力和歧视都是错误的。

我们需要关注到跨性别者所面临的现状，给予他们更多心理层面和生活层面的支持，帮助他们获得更好的自我认同，也帮助他们营造更好的生存环境。

百度百科　词条详解

性少数群体　进入词条

## 31

# 我的朋友说我"娘炮",该怎么办?

　　小夏最近很难过,因为他最好的朋友小东说他有点娘,有时候像个"娘炮"!

　　他心中五味杂陈,小东是他这几年最好的朋友。他不明白小东为什么会这么说?他现在也挺迷茫,不知道自己错在什么地方,到底要怎样改变?他心思细腻,想了很多事。以前初中的时候,有同学说他娘,他要么不理,要么就跟他们吵,但是自己最好的朋友,这样说自己,要怎么办呢?

　　不知所措的小夏,决定给性教育老师打电话问下,要如何正确看待和处理这件事。

　　没想到老师一上来就问他怎么理解"娘炮"这个词。小夏想了想,结合自己的情况说道:"老师,我只是不喜欢那些激烈的争闹,不喜欢大声说话,我觉得我这样挺好的,为什么说我娘呢?我的声音也不娘娘腔呀?我要如何调整我的心态?"

小夏为什么会被嘲笑"娘炮"？是因为他的言行举止不符合规范吗？表面上这个问题似乎跟小夏平时自己的行为、气质有关，但实际上这个问题的产生是源于我们社会的"性别刻板印象"。

性别刻板印象是指人们对不同"性别"的人产生的一系列简化的、固定的、刻板的观点，并且认为这些观点一定适用于属于某一性别的所有人。譬如"男生适合学理科，女生适合学文科""男生应该粗犷、威猛，女生应该温柔、细心"等。

性别刻板印象让我们对不同性别的人产生了不完整、不科学的认知，从而让我们觉得一些不符合这种刻板印象的人"不正常"，甚至对这些人产生歧视和暴力。

事实上，我们每个人都可能有不符合"性别刻板印象"的时候。也有不少人是为了"迎合"这种刻板印象而去调整自己的言行举止，但这样做只会不断强化人们对性别形成的刻板印象，而不会真正发展出适合自己的性格品质，也可能会限制我们发展自己的更多能力。

好的品质不应该按照性别来划分，强行按照性别刻板印象去要求我们每个人，这必然会让一部分人被定义为"不正常""不符合规范"。

因为性别刻板印象在很多人内心根深蒂固，所以才让很多和小夏一样的人遭受到原本没必要的异样眼光。

　　小夏觉得自己这样挺好的，只是不知如何调整自己的心态。这种接纳自我与他人差异的做法是值得肯定的，当他人的异样眼光无法避免时，我们要学会照顾好自己的感受，不该用他人的错误来惩罚自己。

　　为了更好地接纳自己和他人在性别表达方面的差异，理解他人对自己这种"差异"的异样眼光，就需要我们首先全面、科学地认识性与性别。譬如，我们前面提到的"性别刻板印象"相关的知识，这些都能帮助我们更好地理解这些问题。

　　做好了面对这个问题心理建设方面的工作之后，小夏也可以用一些合理的方式回应他人对他"娘炮"的评价。

　　首先，小夏可以向他人表达出自己对自身性别气质的接纳，如果我们自己都不敢让他人知道我们的态度，那么他人只会更加坚定认为自己的行为是没有问题的。

　　其次，小夏可以用平和的方式告诉对方"你的这种评价让我感到不适"，让对方意识到自己的行为不当，需要做出调整。

　　最后，尽量不要用"以牙还牙"的方式去反驳甚至攻击他人，这样的方式容易让对方误以为我们自己也不能良好地自我接纳，同时也无法让对方有效地了解到观点和立场，反而容易激化矛盾，加深误会。

从旁观者的角度来说，当我们遇到类似的情况，我们需要意识到，性别刻板印象不利于我们全面、客观地看待和理解一个人，当一个人的行为没有对我们造成影响时，我们就不应该对人家进行过多评价，更应该主动去理解和尊重他人和我们的一些差异。

当家长和老师遇到小夏这样的孩子，也要努力成为孩子的"支持者"，不要让孩子一个人去面对所有的非议，甚至在这个基础上继续批评他的言行举止，对他造成再次伤害。

老师和家长也不要试图去强行改变孩子的言行举止，要充分意识到性别刻板印象对一些孩子的负面影响，拒绝充当这种刻板印象的强化者，减少孩子遭受到性别暴力的风险。

## 拓展问题

### 男性和女性有什么差异？

■ **生理差异**

1.身体的差异。成年男性比女性要强壮得多，男性全身骨骼的重量比女性约重20%，全身肌肉比女性约重40%，肌肉含糖元量比女性多约1/3。男性体型大多上宽下窄，骨骼粗壮，可承受较大重力；而女性体型多肩窄腿细中间大，骨骼较细，负重能力远不如男性，脂肪组织比男性发达。

2. 大脑的差异。一般情况下，男性大脑比女性大脑约重 100 克，女性大脑皮层的褶皱层却比男性复杂，且女性大脑灰质的总比例要稍微高一些。女性大脑额叶中控制决策制定与解决问题的部位大于男性，男性大脑中的顶叶皮层和杏仁核则大于女性。女性大脑中记忆和储存信息的海马体的活性强于男性。

### ■ 心理差异

1. 认知差异。在情绪感知上，女性强于男性。女性能够很轻易地识别人面部的表情变化，从而快速捕捉到人的情感变化。在空间感知方面，男性则强于女性，对于快速识别方位、棋局布控、驾驶等连贯性强的多方位操作强于女性。

2. 情绪差异。一般认为，女性温顺体贴，多愁善感，感情丰富且细腻，情感易变，情绪易起伏。男性则刚劲粗犷，情绪较为稳定。女性对于悲伤、忧愁体会深刻，而男性对恐惧、愤怒体会深刻。

3. 思维差异。男性擅长纵向思维。男性每次思考大都只专注思考某一件事情，习惯用"搭桥式"的思维，考虑事件承前启后的效果，比较注重结果。女性擅长横向思维。在思考主线事情的同时，会留意除主线事情之外的其他事物对整个事件进程的影响以及多个事物之间的关系。

但是要知道，以上差异是群体差异，而非个体差异。

## 两性如何平等友好地相处？

1. 不必强烈凸显性别。无论是男性还是女性都应先做好独立自主的人，再扮演好自己的性别角色。

2. 工作之中没有性别差异。女性要做到真正两性平等，切忌在有利时极力平权，有苦差时强调自己的性别。男性在生活上也应如此，千万别抱着"君子远庖厨"的观念，一起做家事，是一种温暖，可使两性相处更顺适。

3. 与异性相处时，尤其是谈恋爱时，千万别忘记自己的性别。比如男性在出门时请女性先行，上楼梯、过马路时扶女性一把，都是有风度的体现。

4. 站在对方的立场思考问题，不要把自己的期待强加于对方。两性之间的争吵，往往起因于双方只站在自己的观点想对方，知己而不知彼。女人的特质是敏感、善联想；男人则是较粗枝大叶、迟钝、不够细心。两性想要相处和谐，要做到相知相守，退一步为对方想，即使百忙中也要留下互相沟通的时间。

5. 做一个倾听者。一个人在向别人倾诉时，心中的心结会慢慢打开，因此相互倾听是感情互动的基础。在倾听别人说话时看着对方的眼睛，适时表达意见，感受对方的情绪。

百度百科　词条详解

两性　进入词条

百度百科　词条详解

社会性别　进入词条

# 32

# 硬核科普，男性的丁丁多大才正常？

小旭今年上大四了，即将步入工作的他有着一个不小的烦恼：他觉得自己的丁丁太小了，让他感到不自信，觉得自己性能力和性魅力都会受影响。

小旭说："感觉自己的丁丁比较小，之前谈过的一个女朋友，也因为觉得自己丁丁小而不敢和她有亲密行为，男人丁丁应该多大比较好？有没有什么办法让丁丁再次发育变大？我很想把丁丁增大一些，但是很多人都说没必要这样做，甚至会有危害，可是还是觉得自己太小了，不清楚该怎么办好。"

小旭非常期待能得到专业性教育老师的帮助，为他解除这个困扰。

通过小旭自己的描述，我们发现他的困惑主要来自两方面：不清楚丁丁多大正常，觉得自己丁丁不够大。

我们先来解答"丁丁多大正常"。

一些调查数据显示，中国男性阴茎平均尺寸大概是这样的：

常态下的平均长度：5-7 厘米；

勃起后的平均长度：10-13 厘米；

常态下的平均粗度：周长 8.1 厘米（直径 2.58 厘米）；

勃起后的平均粗度：周长 11.1 厘米（直径 3.53 厘米）。

从医学角度来看，在医学上"小阴茎"的参考数值为"常态下小于 4 厘米，拉伸长度小于 7.5 厘米"，不过，小阴茎并不意味着生理功能不正常。

很多男生在关注自身阴茎尺寸时通常都是"凭感觉"，而由于"幸存者偏差"的影响，不少男生通常都只关注到阴茎比自己大的情况。于是，很多男生其实并没有经过准确测量和对比，就认为自己"丁丁短小"。

所以，在关注这个问题之前，小旭其实也有必要弄明白如何准确测量自己的阴茎尺寸。

测量阴茎的尺寸主要包括测量长度和粗度两方面的数据。

在测量阴茎的长度时，我们需要准备相应的工具：直尺和软尺。直尺用来测量长度，软尺用来测量粗度。

准备好工具后，我们也要选择好测量的姿势——站立。站立的姿势可以让腹部和腿部成一个垂直的状态，这样便有利于测量阴茎的根部。

测量长度的时候，我们有两点要注意：首先就是要用直尺抵住阴茎的根部进行测量，从紧贴腹部的阴茎根部到尿道外口的长度才是我们需要测量的长度。其次不管是疲软还是勃起状态，测量时都要让阴茎处于跟腹部呈 90 度角的状态下。

如果是疲软状态，测量时就需要用手把阴茎抬起来，抬成与腹部呈 90 度角再去测量；如果是勃起状态下，特别是在充分勃起的情况下，阴茎与腹部通常会贴近，这个时候就需要用手把阴茎往下压，压到与腹部呈 90 度再进行测量。

在测量阴茎的粗度时，我们需用到软尺，就是裁缝经常用的那种软尺。

用软尺围绕丁丁中部的位置进行测量，不能是丁丁的其他位置。在丁丁中部用软尺绕了一圈之后，再抵住软尺上"0"的刻度，这时再来看看最终到了哪个刻度，这个刻度便是我们需要测量的丁丁粗度（周长）。

测量粗度同样要分疲软和勃起两种情况，两个数据都需要记录。通常情况下勃起状态下的数据更具有意义，因为疲软状态每个人在不同情况下数据都会不一样，譬如寒冷时，阴茎会缩短，这时测量出来的数据可能就是偏短偏小的。所以，当大家需要对比自己的情况的话，勃起状态下的数据通常更具有代表意义。

如果经过准确测量，阴茎尺寸的确过小，这时可以去医院进行进一步检查，寻找合理的应对方案。如果是一些生理方面的问题导致的阴茎短小，医生会为你给出靠谱的解决方案。

目前的确有可以增大阴茎的手术，但并不是所有人都需要做这个手术。如果你不存在一些生理问题，甚至阴茎尺寸已经在正常范围内，只是自己单纯觉得想要再大一点，让外观好看一些，这种情况下还是应该慎重考虑手术问题。

哪些人需要做阴茎增大手术？对于这个问题，一些专业的性医学家认为有这两种情况：

第一类，确实是存阴茎短小的情况，这种短小是医学标准上的短小——在疲软状态下小于 2 厘米，勃起状态下小于 4 厘米；

第二类，心理焦虑到已经完全无法正常生活了，比如已经不敢在公共厕所小便，不敢在公共澡堂洗澡，只要自己裸露在别人面前，就会感觉到巨大的心理压力，让自己感到恐慌、害怕。

如果小旭没有这两种情况，我们不建议他做阴茎增大手术。

如果小旭觉得自己在女朋友面前缺乏性自信。这时小旭其实可以告诉自己：事实未必是自己想的那样，女朋友或许并不会觉得自己短小，更不会嫌弃；自己也可以在其他很多方面突显出自己的性魅力，不必因为自己的过度焦虑而怀疑、否定自己。

小旭也应该明白：在性爱过程中，有些女性并不在意男性阴茎的尺寸，而且，男性阴茎尺寸也不是女性性满意的决定因素。

如果想要在性爱中带给伴侣更舒适的感受，男人仅仅靠一个大尺寸丁丁是远远不够的。处理在床上和伴侣的沟通、满足彼此的性偏好、重视前戏等方式也远比拥有一个大尺寸丁丁更加重要。

因为当我们选择插入式性行为时，男性勃起后的阴茎能达到7厘米，就足够进行有效的性刺激了，这一点对于绝大多数男人都不是问题。单纯从插入式性行为的物理刺激感觉来说，很多女性也认为硬度是比粗大更加重要的影响因素。

所以，小旭首先应该对阴茎尺寸有一个全面科学的认识，避免先入为主地觉得自己短小，要通过科学方法测量自己的阴茎尺寸，消除自己的性焦虑。此外，小旭也要注意全面提升自己的性魅力，自信地展示自己的性魅力，注重了解男女两性的性反应差异，了解女性在性爱中的需求，让自己有能力用科学的方法和技巧，在与伴侣的性爱中实现性和谐。

能否满足女人，从来不取决于男人阴茎的长短、大小，而是取决于他的思想、深度、心胸宽度和人格高度。

拓展问题

## 阴茎增长增粗手术如何实现？

阴茎增长手术是把阴茎的束带，也就是束缚整个阴茎往外的那些韧带或系带全都打通，让阴茎整体再自由地往外伸展一点。通常，这种手术也会把阴茎根部周围的一些脂肪进行相应的清理，这样就会感觉裸露在身体外面的阴茎长度变"长"了。做完手术后，阴茎可能会增长 1-2 厘米。

阴茎增粗手术一般是使用一种生物材料制成的真皮组织，使用这个真皮组织直接覆盖在阴茎的皮肤的下面，然后再把原有的皮肤盖上，这样阴茎整体上感觉更粗了。手术中使用的真皮组织一般在一两个星期后会和皮肤以及阴茎软组织长在一起，变成自己身体的一部分，能让做了这个手术的男性不会有异物感，在做爱的时候也不会影响到性快感。

可以看出，选择做这些手术都需要承受一些生理方面的痛苦，并且有一定的风险。

## 小阴茎的定义

小阴茎是指阴茎伸展长度小于相同年龄或相同性发育正常状态人群的阴茎长度平均值 2.5 个标准差以上者，但解剖结构和外观形态正常。我国成年男性阴茎静态长度平均约 5-6 厘米，牵拉长度平均约 11-13 厘米。一般认为，成人阴茎松软时 <4 厘米，牵拉长度 <9.5 厘米，即为小阴茎。对于小孩，拉长的阴茎长度 < 平均值加上 2.5 个标准差可诊断为小阴茎。小阴茎的病因复杂，虽可用药物、手术等方法治疗，但整体疗效不佳。

## 阴茎短小的原因

形成阴茎短小的原因是多种多样的，有先天的因素，也有后天的因素，遗传基因的影响最为根本，常见原因如下：

1. 遗传因素。阴茎与身体其他器官一样，其大小及形态特点要受遗传基因的控制与影响，包括部分染色体疾病或基因遗传病。

2. 发育与营养状况。一般来说，成年男性体格健壮，身材高大，其外生殖器包括阴茎、阴囊的发育也较好，阴茎可能较为粗大；反之，则可能相对小一些。但必须提醒的是，阴茎的大小并不与身高成正比例。

3. 肥胖。特别是一些耻骨联合部、会阴部脂肪丰满突出的男性，往往阴茎的发育欠佳，比起正常男性的阴茎会相对短小，而且患者自己目视自己的阴茎困难，更加认为自己阴茎小。

4. 其他。患有睾丸炎、隐睾症、睾丸发育不全等症及内分泌不平衡，雄性激素不足，都可能造成阴茎短小。

百度百科　词条详解

勃起　进入词条

# 33

# 男生到底要不要割包皮？

　　最近，小宥听说"包皮过长会影响男人的性功能"，这也令觉得自己包皮过长的小宥有些焦虑。小宥说："一直想割包皮，但是怕疼，有人说也可以不割，就一直没在意这件事，因为我也听人说割了之后后悔的。最近看到有人说包皮过长的人容易在性生活中早泄，还会出现各种其他问题，我不知道是不是真的，到底要不要割包皮呢？"

在"过度医疗"和"性教育不足"的现实背景下，成年男性割包皮变成了一种治疗各种性功能障碍的方案。要知道，我们不建议男生们为了性能力的提升去盲目选择割包皮，而是应当了解清楚哪些情况才需要割包皮，为什么要割。

有些男性的龟头无法在勃起的情况下露出包皮，这就导致他们的龟头平时几乎没有受到刺激，在性爱中受到刺激时他们可能会感觉极度敏感，甚至无法适应，无法顺利进行性爱。

有些情况下男性包皮口过于狭窄，以至于他们在插入式性爱过程中会感觉到包皮口撕裂的疼痛感，这对他们进行插入式性爱会造成非常大的阻碍。

如果有些包皮过长的男性平时不注意清洗，包皮垢就容易在包皮下沉积，这种情况有诱发包皮炎的可能，包皮垢中的病原微生物也可能在性爱过程中传染给自己的伴侣，造成女性私处的一些炎症。所以，包皮比较长的男性平时要注意清洗包皮垢。

如果男性存在包皮长的情况，比起担心自己阳痿、早泄，更应该关注我们以上提到的一些问题，如果发现自己有类似问题，应该想办法积极应对。

那么男性应该如何判断呢？

包皮是阴茎皮肤覆盖在阴茎龟头处褶成双层的皮肤。婴幼儿期，包皮较长，包皮包绕阴茎使龟头及尿道外口不能显露。随着年龄的增长，阴茎和包皮逐渐发育。青春期时，包皮向后退缩。至成人期，龟头露出，勃起时可以露出冠状沟。

大多数男孩随着阴茎的自然成长，包皮就会自然回缩。然而，自然的力量是有限的，难以使所有男孩的包皮都回缩到较理想的状态，从而给部分男孩留下了一点遗憾，导致包皮过长。

据统计，男孩到了成年，包皮过长的发生率为48.97%。在这种情况下，性学专家们普遍认为：包皮过长如果没有影响正常生活，可以不用进行手术。不过，包皮过长的男性朋友要多注意个人卫生，要经常翻洗龟头，预防龟头炎。

那么究竟什么是包皮过长，包茎又是什么呢？哪种情况才需要割掉呢？

包皮过长是指包皮覆盖尿道口，但能上翻，露出尿道口和阴茎头。包皮过长与遗传有关，通常可分为真性包皮过长和假性包皮过长。其中，假性包皮过长是指阴茎疲软状态下龟头不能露出，但在勃起后龟头可以自然外露；真性包皮过长是指在阴茎勃起状态下龟头也不能露出，但是可以手动翻开。

包茎的情况则比真性包皮过长龟头更难露出，通常包皮口非常狭窄，包皮无法被上下翻动露出龟头。

如果男性属于"包茎"的情况，那么建议通过手术割掉包皮；如果男性属于包皮过长，但是不存在一些炎症，能够在勃起状态下顺利推开包皮，不影响性爱，并且能够清洗干净，在这样的情况下，可以选择不切除包皮；如果包皮过长，但是在勃起状态下推开比较困难，或者伴随有龟头炎等问题，这种情况下医生一般也建议切除包皮。

　　对于成年男性而言，割包皮或者不割包皮都只是个人的选择。如果你觉得你需要做这个手术的话，那么一定要选择正规的医院，不要去小广告上宣传的私人医院。此外，还要做好术前和术后的注意事项，以免发生比包皮过长更令人不愉快的意外。

### 拓展问题

**包皮切除手术的方式**

　　目前我国常用的切除包皮的方式主要包括三种。

- 切割及吻合：医生在切割包皮后需手术缝线吻合，在切割过程可以采用手术刀或剪刀将过长的包皮去除，随后使用缝合线将两端切缘缝合，并等待自然愈合。

- 包皮环扎：医生无需切割吻合，可利用套扎器阻断多余包皮的血液循环，利用物理按压的方法进行止血，从而促进愈合。

- 包皮切割吻合器环切：作用机理类似于使用订书钉，可将切割包皮与钉合切口在同一步完成，无需进行缝合，待一段时间后自然脱落，包皮即可愈合。

# 34

## 这六种"男题"很常见，来了解一下？

小钧是一名大二学生，他从小在优越的家庭长大，爱运动，身体一直也很健康。一次，他无意中刷到了一个关于"男性丁丁硬度"等级的短视频，了解到男性丁丁硬度和男性身体健康以及男性性能力之间有着紧密关系。看完这个视频后，小钧找机会"测验"了一下自己的硬度，但在"测验"过程中小钧发现自己勃起似乎有点不够快速，一丝焦虑之下他又感觉自己勃起后的丁丁硬度不太好，似乎只符合视频里描述的二级硬度的情况。

小钧有点慌，他心想："我还没有性爱经历，难道就不行了，之前自慰也没发现这些问题，怎么回事呢？"

带着这些焦虑和困惑，小钧开始关注性教育知识，他想知道男人需要注意哪些性健康问题，如何才能更好地让自己避免出现这些问题。

在我们的生活中，男人似乎都担心自己"那方面"出现问题，即便在爱人面前再怎么抬不起头，也要在外人面前表现出"我行"。

男人担心自己小，担心自己快，担心自己软……做男人真是太难了。除此之外，男人在生活和工作中同样也面临着"男人"身份带来的巨大压力，压得他们喘不过气来。

说到各种"男题"，很多人首先会想到阳痿早泄，但实际上，这个只是男性性健康问题的冰山一角。以下六种男性健康问题非常常见，男人应该尽早关注到。

■ **精子质量下降**

精子和卵子的结合是生命繁衍的开始，作为男性的生殖细胞，精子从形成那刻起就面临着老化的问题，进而可能变成畸形的精子。如今，人类精子质量下降已经不是什么新鲜事了，国内外的很多相关研究都发现如今男人精子质量大不如前。

譬如一项针对国内三万多名男性精液质量的研究就发现，在这些捐精者中，精液质量合格者的比例从 2001 年的 55.78% 下降到了 2015 年的 17.8%。短短 14 年的时间，合格者的比例大幅下降。

那么导致精子畸形的原因主要有哪些呢？

一些男性可能会由于个体基因影响，引起精子畸形。此外，更多导致精子畸形的原因是外部环境变化以及一些外部刺激。

比如，睾丸长期处于高温环境、有毒物质、放射线暴露等，这些都可能影响生精细胞的功能，干扰精子的生长成熟；生活中一些含有影响内分泌的化学物质或药物如化妆品、杀虫剂、抗肿瘤药物等，也会对精子的产生和成熟造成影响；一些男性生殖系统的疾病如睾丸炎、精索静脉曲张等同样都可导致畸形的精子产生。

可以看出，男性要想提升精子质量，关键还是在于保护好"蛋蛋"的生精功能。由于生活环境的改变，有些负面的问题对于男性来说可能无法避免，但是平时注意睾丸保健，养成良好的生活、饮食习惯，对于提升精子质量也一定是有帮助的。

### ■ 勃起功能问题

很多人认为只有年纪大、身体差的男性，勃起功能才会出现问题，但在临床上，青壮年反而是勃起功能出现问题的高发人群。

勃起功能出现问题主要体现在两个方面：一种情况是不能勃起或者无法持续勃起以完成性爱；另一种情况则是勃起后硬度比较差，这同样影响同房体验。

男性阴茎勃起后的硬度通常被分为四个等级：一级硬度像豆腐，阴茎无法立起来；二级硬度像剥皮的香蕉，有一定硬度但无法顺利完成插入；三级硬度像带皮的香蕉，可以正常插入但不够理想；四级硬度像新鲜黄瓜，是非常理想的状态，也有利于男女双方获得满意的体验。

如果男性在性唤起时总是能够达到四级硬度，那么这说明男性的勃起功能非常不错。男性阴茎勃起后的硬度跟男性整个身心状态都有关，包括心血管健康水平、亲密关系中的性刺激、压力状态等。男性积极的性态度、性爱中良好的性沟通、日常生活中的适量运动和良好作息对于保持好的勃起功能都非常重要。

### ■ 控制射精能力差

持久几乎是每个男人的梦想之一，但现实往往事与愿违，很多男人都容易经历"早射"，以至于他们以为自己患上了"早泄"的毛病。

事实上，很多男人并不持久，但这并不是因为他们得了"早泄"的病，而是得了害怕、焦虑的"心病"。这种"心病"一方面容易在男性受到性刺激时引发交感神经兴奋，造成射精；另一方面，这些"心病"也容易进一步造成男性的"操作焦虑"，反过来让男性因为操作不好更加着急，陷入恶性循环。

再加上很多男性进行性爱的"实践"机会比较少，他们都没有足够的性经验让自己自如控制射精，无法获得让自己和伴侣满意的性爱时间，造成了性不和谐的情况出现。

男性可以通过挤捏法、姿势改变、使用延时喷剂等方法，在性爱中帮助自己控制射精，也可以在日常生活中进行脱敏训练、冥想训练、凯格尔锻炼等帮助自己全面提升控制射精的能力。

### ■ 精索静脉曲张

近年来，男科医生们开始发现，门诊时遇到的精索静脉曲张患者越来越多，但是大多数患者由于对这一"男题"缺乏认识，应对不够及时，最终耽误了病情，治疗效果不佳。

精索静脉曲张是一种血管病变，是指精索里的静脉因回流受阻或者血液返流不畅，导致静脉异常扩张、伸长和迂曲，从而引起疼痛。精索静脉曲张的症状通常是阴囊肿胀，出现坠胀感、疼痛感，这些不适感也可能延伸至下腹部、腹股沟区等部位，在劳累后症状可能加重。

精索静脉曲张如果没有得到及时治疗，就可能造成睾丸功能减退，这也是男性不育的常见原因之一。所以男性如果发现睾丸出现不适感，一定要重视，尽早就医。

### ■ 前列腺炎

前列腺炎发病率非常高，是泌尿外科的常见病，在泌尿外科50岁以下男性患者中占首位，其发病因素主要跟病原体感染有关系。

前列腺炎可能出现的症状如下：

全身症状：寒战、关节痛、肌肉痛、发热、虚弱无力等；

疼痛症状：阴部、下腹部、腹股沟、耻骨上等部位有疼痛感；

排尿异常：排尿不畅，尿后沥滴、夜尿增多，尿频、尿急、尿痛，甚至在尿道流出乳白色分泌物等。

如果男性发现自己有一种或者多种上述症状，需要引起重视，及时就医检查、治疗。治疗前列腺炎通常需要一段时间，患者需要坚持治疗，并且在治疗后注意前列腺保健，炎症才会得到改善。

规律、稳定的性生活，不要忍精不射，多喝水，勤排尿，忌烟酒，忌久坐，这些对于男性在日常生活中做好前列腺保健非常重要。

■ **包皮过长、包茎**

据统计，成年男性包皮过长的发生率为 48.97%。当男性包皮过长或者属于包茎的情况，如果不注意日常卫生，就容易导致包皮垢沉淀，长期这样就会导致包皮炎、龟头炎，甚至造成尿道炎等生殖系统感染疾病。

在性生活中，有些包皮过长的情况以及包茎都会影响双方愉悦感。此外，男性包皮内的包皮垢含有各类细菌，也容易在性接触过程中传染给女性，造成女性患各类妇科疾病。

当男性遇到包皮过长的情况，首先需要做好日常清洁工作，避免包皮垢沉淀；此外，还应去咨询专业人员或者男科医生，帮助自己判断是否需要割包皮。而如果男性遇到包茎的情况，建议尽早进行割包皮手术，保护好自己的性健康。

据了解，我国男科疾病发病率达到了 51%，但是就诊率却不及 20%，这样的情况跟人们不了解、不重视男科相关问题有关，也跟人们对男科疾病的病耻感有关。

面对这样的情况，男性应该主动关注性健康知识，了解自己的身体状况，遵循"积极预防、早诊断、早治疗"的原则应对各类"男题"带来的风险。

# 35

# 常见的女性疾病，早知道，早预防

小琴发现自己来大姨妈的时候特别疼，比任何身边的其他朋友的症状都要严重，但因为听说来大姨妈疼痛是正常的反应，小琴就一直没有重视，也没有采取任何措施。

后来，有一次来大姨妈小琴疼得面色苍白，实在忍不住了，被妈妈带去医院就医。最后，经过检查发现小琴患有"子宫内膜异位症"，其实早就应该就医治疗了。

小琴一直觉得："自己年纪轻轻，平时生活习惯也特别好，肯定不会有什么患妇科疾病的风险。"正是这样的想法，让小琴没有关注到自己身体早已出现的健康问题。在这次经历之后，小琴觉得学习更多性健康知识非常有必要，也提醒身边其他朋友多多了解一些女性可能面临的性健康问题。

说到妇科疾病，很多人会觉得这都是上了年纪、有性经验的女性才可能出现的问题，年轻女孩不需要太过担忧。

事实上，年轻女性也有患妇科疾病的风险，了解女性常见的一些疾病对于任何年龄段的女性来说都很有必要，这有助于女性更好地预防、应对这些疾病。那么常见的女性疾病都有哪些呢？

女性在妇科健康方面的风险是非常复杂多样的，根据发病特点，女性常见的疾病主要可分为妇科炎症和妇科肿瘤（肿块）两大类。

常见的妇科炎症类疾病包括阴道炎、宫颈炎、子宫内膜炎、输卵管炎等。常见的妇科肿瘤包括子宫肌瘤、宫颈癌、乳腺癌等。

■ 阴道炎

阴道炎的发生通常是跟各类病原体感染有关，也跟女性阴道受到外部刺激、自我保护屏障被破坏、激素水平变化等有关。临床上比较常见的阴道炎有：细菌性阴道炎、念珠性阴道炎、滴虫性阴道炎、老年性阴道炎和幼女性阴道炎。

阴道炎的主要表现为阴道瘙痒或者疼痛，阴道分泌物出现异常。当女性白带量异常增大、颜色异常变化、气味变得难闻，这些症状都预示着可能发生了阴道炎或者其他生殖道感染。当女性遇到类似问题，不要自行购买洗液或者药物治疗，避免用错方法，治疗没有效果还导致问题加重，最终耽误治疗。

■ 宫颈炎

宫颈是女性生殖系统的第二道保护屏障，能够抵御细菌进入上生殖道。但是，由于宫颈比较容易受到一些外力刺激（如性交），造成损伤，就可能发生感染。并且，宫颈管的黏膜抗感染能力差，这也就让宫颈在受到损伤的情况下更容易发生感染，造成宫颈的炎症。

宫颈炎通常被分为急性宫颈炎和慢性宫颈炎，大多数情况下都是慢性宫颈炎。急性宫颈炎通常是由于机械性刺激造成宫颈损伤、病原体成进而入造成；慢性宫颈炎通常是又急性宫颈炎迁延而来，也可因病原体持续感染所致。

宫颈炎的症状主要是性交后出血、宫颈检查时有疼痛感、阴道分泌物异常等。

■ 子宫内膜炎

子宫内膜炎是指病原体突破宫颈防御、进入子宫内膜而造成的炎症，是子宫体部位的主要炎症。子宫内膜炎如果没有得到有效控制，就可能进一步发展，影响子宫肌层，造成子宫肌炎。

子宫内膜炎可能由于生育、刮宫产、流产、妇科手术造成内膜创伤后病原体趁机而入造成，其主要症状包括：下腹疼痛、阴道分泌物增多，严重者可出现发热和消化系统的症状，轻者也可能没有明显的症状。

■ 输卵管炎

输卵管炎是女性上生殖道非常常见的感染性疾病，在性活跃人群中发病率比较高。输卵管炎常常与卵巢炎、盆腔腹膜炎同时存在，相互影响，其主要发生原因是内源性、外源性病原体感染所致。阴道分娩、刮宫产、流产、不安全性行为、邻近器官炎症蔓延等都可能成为输卵管炎的诱发因素。

输卵管炎轻者可能无症状或者轻微症状，譬如腹痛、阴道分泌物增多；严重者还可能出现高热、疼痛等症状。输卵管炎造成的腹痛多为持续性，在活动或者性交后可能加重。

输卵管炎如果没有得到及时、正确的治疗，则可能导致一些后遗症，譬如不孕、异位妊娠等。

■ 子宫肌瘤

子宫肌瘤是子宫平滑肌组织增生形成，是女性生殖系统最常见的一种良性肿瘤。很多女性身体出现子宫肌瘤后都没有任何症状，所以大多数长有子宫肌瘤的女性都是通过体检发现。部分子宫肌瘤患者可能出现月经周期异常、月经量增多、痛经、下腹不适、阴道分泌物异常等症状。

目前，子宫肌瘤形成的原因还不太明确，很多学者认为雌激素、生长激素、人胎盘催乳素都可能与子宫肌瘤的形成有关。

女性长出子宫肌瘤后，如果出现持续盆骨疼痛、长期异常痛经、长期经量多、非经期阴道出血这些情况，就需要及时就医，医生会根据患者具体情况确定治疗方案。

■ 宫颈癌

宫颈癌是发生在子宫颈的恶性肿瘤，是女性生殖系统最常见的恶性肿瘤，其主要发生因素是高危型 HPV 持续感染。

宫颈癌患者早期可能没有任何症状，但随着病情的发展，患者可能会有阴道出血的症状，也可能出现阴道排出有腥臭味的白色或血性液体。肿瘤继续增大还可能侵犯邻近组织器官，造成相应症状，譬如下腹和腿部疼痛、肛门坠胀感。

宫颈癌发展到晚期，患者可能会出现尿急尿频、输尿管梗阻、肾盂积水等症状，甚至导致贫血和全身衰竭。

目前，定期进行宫颈筛查和接种 HPV 疫苗是预防宫颈癌的最好办法，早发现、早治疗，可以让宫颈癌治愈率更高，愈后效果好。

■ 乳腺癌

乳腺癌是乳腺上皮细胞增殖失控造成的，主要表现为乳房肿块、乳头溢液、腋窝淋巴结肿大等症状。目前我国的乳腺癌筛查普及程度并不是很高，许多人就诊时已经是晚期，导致治疗的效果并不是很好。

一般情况下，乳腺癌有三个高危因素，分别是年龄、月经状态和遗传。

45-55 岁，以及 70 岁左右，是我国女性乳腺癌的高发年龄。从月经状态来说，通常绝经年龄比较晚的女性相对更容易患乳腺癌。如果女性的家族当中有些人的一级亲属如母亲、姨妈等人当中有人患过乳腺癌，那么种情况就比同龄、其他没有家族史的情况发生乳腺癌的风险会高不少。

预防乳腺癌，需要女性及时关注自己的乳房健康状况，做到"定期检查和自我检查"相结合。

应对女性疾病，最重要的还是预防为主，其次早发现、早治疗非常重要。所以，首先女性需要提升自己的性健康意识，不要以为自己生活习惯好就没有患女性疾病的风险，这种疏忽大意的态度往往容易造成女性无法及时发现一些性健康问题。其次，女性对于性健康知识、生殖健康保健知识要有更多了解，帮助自己更好地应对各类风险，预防疾病发生。

## 后记

　　从事性教育工作近十年，我发现任何性教育相关书籍的出版都不容易。但是我明显感觉到性教育工作得到了越来越多学生、家长乃至全社会的肯定和支持，谈性色变的社会正在悄然发生转变。这样的转变既是人民群众对美好生活的向往，也是一个社会强大、文明、自信的象征，我为自己和各位读者生活在这样一个日渐开明和包容的社会感到庆幸。

　　本书中的性教育主要涉及三个层面，包括性生理知识科普、性与亲密关系的能力建构、性和社会文化的反思。作为一个性教育的老兵，我深知性教育的科普不是一蹴而就的，理想的性教育是循序渐进的，是从出生开始到生命结束，是影响我们一生的，是生命的教育、爱的教育、人格完善的教育。

　　这本书在创作时我们设定的目标读者是 18 岁以上的年轻人，但我们知道有些知识在 18 岁前就应该知道。当然，我想，无论你在多少岁遇到这本书，都是一种缘分，都是恰到好处的出现，作为创作者，我真心希望本书能够拓展你对性的理解。在性知识的科普上期待能让你产生："哇，原来真相是这样的。"在性的态度和价值观上能让你思考:"原来还可以这么理解性,这样去看待爱。"

总之,期待本书对你理解自己的性,处理和伴侣间的感情,为你的人生甚至是未来孩子的性教育,有所启发和帮助。

性教育是生命的教育、是爱的教育、是人格完善的教育、是影响我们一生的教育。本书的不完善之处,还请不吝赐教。有关本书的相关建议可以发送到我的邮箱:839518924@qq.com.

感谢你看到最后。愿我们这个社会更加美好和快乐。

童　立

2023 年春于武汉珞珈山